工程材料丛书

·军队“双重”建设教材·

船舶涂料与涂装技术

宋玉苏　李红霞　李　瑜　编

科学出版社

北　京

内 容 简 介

本书以船舶涂装技术为牵引，从船舶涂装质量管理角度入手，整合涂料高聚物基础、船舶涂料特性及配套体系、船舶涂装工艺、涂装管理工程、涂层失效分析等基础知识，为读者系统地了解和掌握船舶涂料与涂装、涂装质量控制的关键技术，提供完整的知识体系。

本书可作为高等院校涂装相关专业教材，也可供从事钢结构涂装、船舶涂装工作者，涂装生产、科研管理工程技术人员参考。

图书在版编目（CIP）数据

船舶涂料与涂装技术 / 宋玉苏，李红霞，李瑜编. —北京：科学出版社，2021.11

（工程材料丛书）

军队“双重”建设教材

ISBN 978-7-03-070318-7

Ⅰ. ①船… Ⅱ. ①宋… ②李… ③李… Ⅲ. ①船体涂漆－教材 Ⅳ. ①U671.91

中国版本图书馆 CIP 数据核字（2021）第 217616 号

责任编辑：吉正霞 王 晶 / 责任校对：高 嵘
责任印制：彭 超 / 封面设计：无极书装

科 学 出 版 社 出版
北京东黄城根北街 16 号
邮政编码：100717
http://www.sciencep.com
武汉市首壹印务有限公司印刷
科学出版社发行 各地新华书店经销
*
2021 年 11 月第 一 版 开本：787×1092 1/16
2021 年 11 月第一次印刷 印张：10 1/2
字数：247 000

定价：48.00 元

（如有印装质量问题，我社负责调换）

前　言

涂装技术是最为普遍的防腐技术，是船舶、桥梁等大型金属构件中应用最为广泛的防腐技术之一。船舶涂装技术涵盖了船舶制造的全流程，是现代船舶制造三大支持技术之一。船舶涂装技术的好坏直接反映船舶制造技术的水准，因此必须高度重视船舶涂装技术，尽可能保证船舶涂装的高水准。本书主要介绍船舶涂料及涂装技术的基础知识。

本书以船舶涂装质量控制为抓手，设计了涵盖船舶涂料和涂装全流程的模块化课程体系，各个模块互为支撑，将船舶涂料和涂装紧密联系，遵循“三分涂料，七分涂装”的行业规则，突出船舶涂料和涂装的专业化、规范化与标准化，构筑了全面、系统、完整的知识体系。内容上既强调技术原理，又突出实践应用和海洋装备特色，帮助读者高效、快速和全面地了解和掌握船舶涂料和涂装的关键技术。

本书内容包括：第 1 章、第 2 章主要介绍涂料基础知识，特别突出涂料最为重要的组分成膜树脂所涉及的高聚物基础知识；第 3 章系统介绍船舶涂料的特点、分类及其要求，不同部位涂料配套体系的特征，重点突出船底涂料体系，防锈涂料、防污涂料和船舶特殊涂料（如甲板涂料、液舱涂料等），另外，为突出军事装备特色，介绍几种功能涂料（防火涂料、飞机甲板涂料等）；第 4 章详细介绍船舶涂装工程的特点，突出涂装的专业性和规范性、船舶涂装的关键工艺和要求、涂装质量的保障技术等；第 5 章阐述涂装金属的腐蚀特征、涂层失效分析的基本原则和方法等。

本书共分 5 章。其中第 1 章、第 2 章由李红霞、李瑜编写，第 3 章、第 5 章由宋玉苏编写，第 4 章由宋玉苏、李红霞编写，全书由宋玉苏统稿，图片及文本编辑由李红霞、王轩负责。

在编写的过程中，本书参阅了大量的有关资料，在此向所有参考资料的作者们表示感谢。

由于编者知识水平有限，书中不当之处在所难免，恳请读者不吝赐教。

编　者

2021 年 3 月

目　录

第1章

绪　论

1.1　涂料及其功能

涂料俗称油漆，是一种具有流动性的黏稠的液体，涂装于物体表面后，在常温或加温后干燥硬化，在物体表面形成一层黏附牢固、坚韧连续的固态薄膜，赋予物体以保护、装饰或其他特殊作用的物质。

涂料是最常见的防腐技术。现代文明社会，时时处处离不开涂料，在建筑、舰船、车辆、机械及电器等方面，涂料都扮演着不可或缺的角色。许多巨大钢铁结构，若没有涂料保护，就会较快地因锈蚀而被破坏。总而言之，涂料主要有以下几个方面的作用[1]。

1.1.1　保护作用

保护作用是涂料最主要的功能。涂料涂装是防止金属腐蚀的重要手段。金属材料在海洋、大气和各种工业气体中的腐蚀极为严重。据统计，世界钢材和设备因腐蚀造成的损失占钢铁年产量的 1/4。一座钢铁结构的桥梁，如果不用涂料涂装来保护，只能有几年的寿命；但如果用涂料涂装加以保护，并经常维修且得当，那么寿命可以在百年以上。各种汽车、火车等交通工具在行驶过程中，受到各种气候环境的考验，环境越严酷对涂料涂装的保护效果要求越高。石油化工生产中各种设备、管道、储罐和建筑物等，均需涂料涂装来加以保护。

1.1.2　装饰作用

涂料赋予涂装部件丰富的色彩，改进产品外观质量，给人们美的享受，达到装饰作用，同时也可以借此提高产品的使用价值和销售价值。

1.1.3 标志作用

不同色彩的涂料在各种场合，给人醒目的标志作用。如消防器材为大红色、救生设备一般为橙红色。船舱内的管道有特定的颜色规定，如红色标志为油管，蓝色标志为空气管等。目前应用涂料作标志的色彩在国际上已逐渐标准化。

1.1.4 特殊作用

涂料的特殊用途是指在满足环境条件下使用之外，涂料赋予涂装部件某些特殊的功能。

例如：防火涂料能够防止火焰蔓延和延燃；反光涂料在夜间能够发出醒目的亮光；船舶长年累月航行在江河湖海中，船底要求平整光滑，以保证航速，而黏附在船底的大量污染物及微生物会严重腐蚀船底，并降低航速，因此在船舶底部表面要求涂防污、抗微生物腐蚀的防污涂料；飞机、火箭要受高速气流冲刷，人造卫星、宇航器要在低温、高温、超高温、多种射线辐射等特殊条件下使用，都需要涂特种涂料。特种涂料对国防军工产品、高精尖的科学技术具有重要意义。

1.2 涂料的组成

涂料一般由成膜物质、颜料和溶剂组成，除此以外还有各种助剂。涂料的组成框架图见图 1-1。

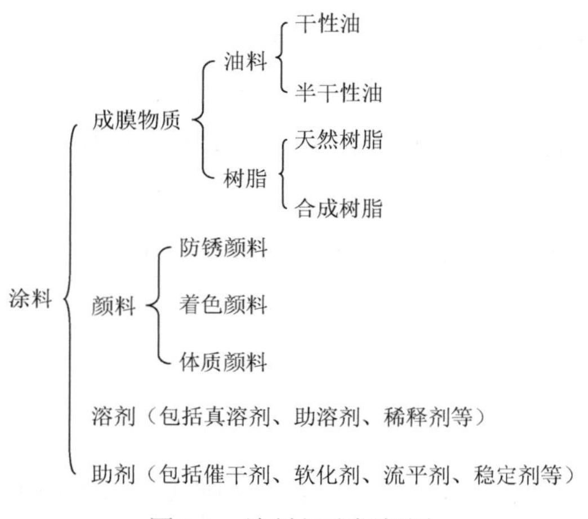

图 1-1 涂料组成框架图

成膜物质主要包括油料和各种树脂。油料包括干性油和半干性油，树脂包括天然树脂和合成树脂。油料和树脂可以单独成膜也可以黏结颜料等共同成膜。成膜物质与黏结颜料等共同形成涂层（或称漆膜），它是涂料中的连续相，是涂料不可或缺的成分。成膜物质的性质对涂料的性能（如机械性能、保护性能等）具有决定性的作用。成膜物质一般为有机物，在成膜前可以为低聚物，但是涂布成膜后均形成高聚物，天然的或者合成的成膜物质均如此，如干性油、环氧树脂、丙烯酸树脂等。无机的成膜物质不多，如碱性硅酸盐。

颜料包括防锈颜料、着色颜料及体质颜料三种。颜料一般是无机或者有机粉末，起着色和遮盖作用，同时可增加机械强度和耐久性等。颜料中还有些固体或者液体的组分具有特殊的功能，如改变流变性能、沉降性能、储存性能、防蚀和防污性能等。

溶剂包括真溶剂、助溶剂和稀释剂等。溶剂是能够溶解成膜物质的易挥发有机物质，在涂料涂覆后能够基本挥发尽，涂膜中不含挥发组分。因此溶剂可以降低涂料的黏度，改善其施工性能，帮助形成均匀的膜层。正确地使用溶剂可提高涂层的物理性质，如光泽、致密性等。溶剂的挥发性是涂料引起大气污染的主要根源，对溶剂的种类和用量有严格的限制。

助剂包括催干剂、软化剂、流平剂和稳定剂等。助剂在涂料中用量虽少，但对涂料的储存性、施工性及对所形成涂层的物理性质有着明显作用。

组成涂料的三部分并不是每一种涂料都必须含有的，只有成膜物质才是涂料不可缺少的成分。没有颜料的为清漆；含有颜料的为色漆。无溶剂或者少溶剂的涂料为高固体分涂料。

大多数涂料的主要成分是成膜树脂，成膜树脂主要是以高聚物为主的合成高分子化合物，高分子化学是涂料研制和使用的基础，有必要加以深入地了解。

1.3　高分子基础知识

有机高分子化合物（又称高分子或聚合物）是由一种或多种小分子通过共价键一个接一个地连接而成的链状、枝化或网状的大分子。一般地，把分子量大于 10 000 的有机化合物称作高分子化合物或聚合物；分子量较大但不到 10 000 的有机化合物称为低聚物。高分子化合物的分子量很大，分子量一般达到 10^5～10^6，主要由 C、H、O 元素组成。

1.3.1 高分子化合物的基本概念

1. 高分子化合物的组成及特点

高分子化合物虽然分子量很大，但是其化学组成比较简单，单个高分子化合物往往由许多个相同的结构单元通过共价键重复连接而成。例如，聚苯乙烯是由苯乙烯结构单元重复连接而成：

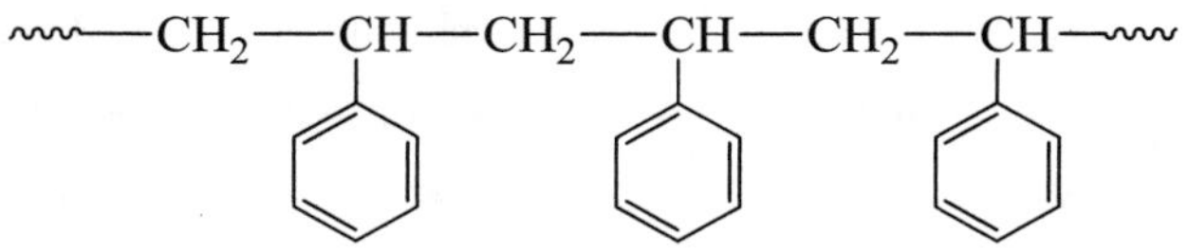

$$\sim\sim -CH_2-CH-CH_2-CH-CH_2-CH- \sim\sim$$

上式是聚苯乙烯分子结构式。聚苯乙烯分子量很大，端基的影响可以忽略不计，故可将上述式子写成如下的结构简式：

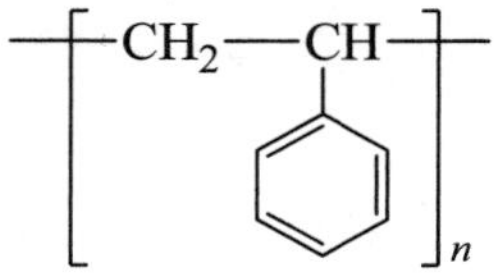

$$\left[CH_2-CH \right]_n$$

式中：$—CH_2—CH(C_6H_5)—$为结构单元，也称链节或重复单元；n 为重复单元的数目，又称聚合度，它是衡量分子分子量大小的一个指标。形成上述结构单元的苯乙烯小分子称作单体。

高分子化合物具有如下特征：①密度小；②比强度极高；③弹性好，可塑性大；④绝缘性、耐腐蚀性好。

2. 高分子化合物的分类

高分子化合物种类繁多，分类方法也有多种，可从单体来源、合成方法、用途、热性能、高分子化合物结构等角度来进行分类。下面介绍几种分类方法。

1）按高分子化合物的来源分类

按来源，可将高分子化合物分为天然、合成和半合成高分子化合物三大类。

（1）天然高分子化合物：在自然界中自然形成的高分子化合物。如棉花纤维、木质纤维、蚕丝、淀粉、蛋白质、天然橡胶、杜仲胶等。

（2）合成高分子化合物：由小分子单体经聚合反应制成的高分子化合物。如聚乙烯、聚酰胺等。

（3）半合成高分子化合物：以天然高分子化合物为原料，进行化学改性后得到的高分子化合物。如硝酸纤维素、乙酸纤维素、甲基纤维素等。

2）按高分子化合物主链的组成分类

按构成主链的元素不同，可将高分子化合物分为碳链、杂链和元素有机高分子化合物。

（1）碳链高分子化合物：在高分子主链上只有碳元素。如聚乙烯、聚丙烯、聚丙烯腈等。

（2）杂链高分子化合物：高分子主链上除碳外，还含有氧、氮、硫、磷等元素。如聚酯、聚酰胺等。

（3）元素有机高分子化合物：大分子主链上含有钛、硅、铝、锡等元素而在侧基上含有有机基团。如聚硅氧烷、聚钛氧烷等。

3）按用途分类

高分子化合物按用途可分为塑料、橡胶、涂料、黏合剂、纤维、离子交换树脂等。

合成高分子化合物始于 19 世纪末，20 世纪 30～50 年代发展迅速，1985 年统计资料显示，高分子材料占 50%，这说明高分子材料在工农业、国防等领域的用途日益扩大，涂料行业除去极少量使用天然橡胶、生漆等，基本上都使用合成高分子化合物。

1.3.2 高分子化合物的合成

高分子化合物除了能直接从自然界得到外，更多的是通过小分子单体的聚合反应或高分子化合物的化学反应得到。能够将单体变成聚合物的化学反应称为聚合反应，聚合反应是指把反应性的小分子化合物（单体）结合形成高分子化合物的反应，故高分子化合物也称聚合物。聚合反应主要包括加成聚合（简称加聚）、缩合聚合（简称缩聚）、开环聚合等[2]。

1. 加成聚合

烯类和炔烃类单体在引发剂作用下通过加成反应形成相应的高分子化合物的聚合称为加成聚合。引发方式主要有自由基引发、阴离子引发和阳离子引发。加成聚合包括均聚和共聚。

1）均聚

均聚为同种单体进行的加成聚合，所得高分子化合物中只含一种单体链节，产物称为均聚物。下面举三个代表性的均聚例子。

[例 1]四氟乙烯均聚成聚四氟乙烯：

$$n\,CF_2{=\!=}CF_2 \longrightarrow \left[CF_2 - CF_2 \right]_n$$

[例 2]乙烯或取代烯烃的均聚：

$$n\,CH_2{=\!=}\overset{\displaystyle R}{\underset{\displaystyle X}{C}} \longrightarrow \left[CH_2 - \overset{\displaystyle R}{\underset{\displaystyle X}{C}} \right]_n$$

式中：$-CH_2-CR(X)-$为重复单元，称为链节；n 为聚合度。$R=H$ 时，$X=H$、CH_3、C_6H_5、Cl、CN、$OCOCH_3$、OC_2H_5、$COOCH_3$、COOH 和 $CONH_2$，分别对应聚乙烯、聚丙烯、聚苯乙烯、聚氯乙烯、聚丙烯腈（腈纶）、聚乙酸乙烯酯、聚乙烯基乙醚、聚丙烯酸甲酯、聚丙烯酸和聚丙烯酰胺；当 $R=CH_3$ 时，$X=CH_3$、$COOCH_3$ 和 COOH，分别对应聚异丁烯（丁基橡胶）、聚甲基丙烯酸甲酯（有机玻璃）和聚甲基丙烯酸。

[例 3]二烯烃的均聚：

$$n\,CH_2{=\!=}CH-\underset{\displaystyle X}{C}{=\!=}CH_2 \longrightarrow \left[CH_2-CH{=\!=}\underset{\displaystyle X}{C}-CH_2 \right]_n$$

式中：$X=H$、CH_3 和 Cl，分别对应聚丁二烯（顺式为顺丁橡胶）、聚异戊二烯（顺式与天然橡胶相同）和聚氯丁二烯（氯丁橡胶）。

2）共聚

共聚是指两种或两种以上的单体一起进行加成聚合。生成的聚合物中含有两种或两种以上的链节，称为共聚物。下面举两个代表性的共聚例子。

[例 4]乙烯和丙烯的共聚（共聚物为乙丙橡胶）：

$$n\,CH_2{=\!=}CH_2 + m\,H_2C{=\!=}\underset{\displaystyle CH_3}{CH} \longrightarrow \left[CH_2-CH_2 \right]_n \left[CH_2-\underset{\displaystyle CH_3}{CH} \right]_m$$

[例 5]丁二烯与苯乙烯或丙烯腈的共聚：

$$n\,H_2C{=\!=}CH-CH{=\!=}CH_2 + m\,H_2C{=\!=}\underset{\displaystyle X}{CH} \longrightarrow \left[CH_2-CH{=\!=}CH-CH_2 \right]_n \left[CH_2-\underset{\displaystyle X}{CH} \right]_m$$

式中：当 $X=C_6H_5$（苯基）时，共聚物为丁苯橡胶；当 $X=CN$ 时，共聚物为丁腈橡胶。

2. 缩合聚合

单体在生成高分子化合物的同时，还有小分子（H_2O、NH_3等）副产物生成的聚合，称为缩合聚合，简称缩聚。缩聚得到的聚合物往往具有官能团形成的特征键，如酰胺键、酯键、醚键、氨酯键、碳酸酯键等，因此，大部分缩聚物是杂链高分子化合物。例如己二胺与己二酸生成聚酰胺-66（尼龙-66）的缩聚反应为

$$n\,HOOC(CH_2)_4COOH + n\,H_2N(CH_2)_6NH_2 \longrightarrow HO\!\left[\overset{O}{\overset{\|}{C}}(CH_2)_4\overset{O}{\overset{\|}{C}}NH(CH_2)_6NH\right]_n\!H + (2n-1)H_2O$$

若单体只有双官能团，则得线型聚合物，可溶解和熔化，如聚酰胺-66；若有三个或以上的官能团，则得到体型（交联）聚合物，如甘油和邻苯二甲酸酐反应生成醇酸树脂。

3. 开环聚合

一些具有环张力的环醚、内酰胺、内酯等环状化合物在特定的催化剂作用下，环被打开并形成高分子化合物的聚合，称为开环聚合。许多商品化的聚合物是通过开环聚合制备的，例如，单体浇铸尼龙-6、聚甲醛和聚氧杂环丁烷三种工程塑料都是通过开环聚合制备的，相关的开环聚合反应如下：

$$n\ \text{(己内酰胺: 七元环 }-C(=O)-NH-\text{)} \xrightarrow[-H_2O,\ -MCl]{MOH,\ RCOCl} \left[NHCH_2CH_2CH_2CH_2CH_2-\overset{O}{\overset{\|}{C}}\right]_n$$

$$n\ \text{(三聚甲醛: 六元环 O–CH}_2\text{–O–CH}_2\text{–O–CH}_2\text{)} \xrightarrow{BF_3\cdot OEt_2} \left[CH_2-O\right]_{3n}$$

$$n\ ClH_2C-\underset{CH_2Cl}{C}\text{(氧杂环丁烷环)} \xrightarrow{路易斯酸} \left[CH_2\underset{CH_2Cl}{\overset{CH_2Cl}{C}}CH_2O\right]_n$$

1.3.3 高分子化合物的结构

高分子化合物许多独特的性能是由其丰富的、多层次的结构所决定的。了解高分子的

结构以及结构与性能的关系，有助于了解高分子材料的性能，更好地使用高分子材料，甚至设计合成出新型高分子材料。高分子化合物结构包括单个高分子本身链节的化学结构和许许多多高分子之间的排列堆积的聚集态结构两方面。而单个高分子的链节的化学结构包括高分子链的近程和远程两个结构层次；聚集态结构则包括晶态与非晶态结构。

高分子结构总的来说可分为

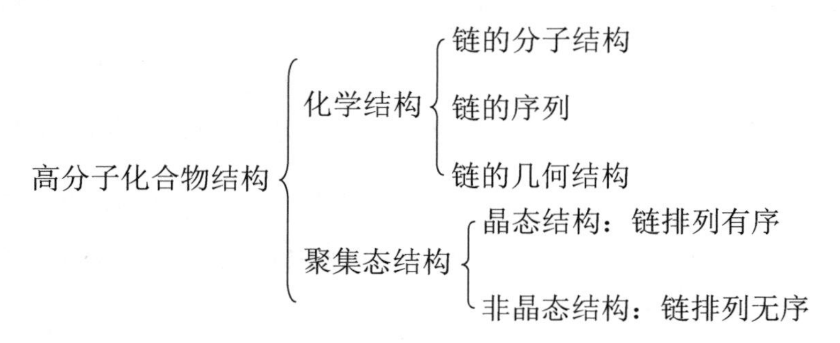

1. 高分子链的近程结构

高分子链的近程结构常称为高分子化合物的一级结构，是构成高分子化合物最基本的微观结构，是反映高分子化合物各种特性的最主要结构层次，直接影响高分子化合物的熔点、密度、溶解性等性能。高分子链近程结构包括高分子链的化学组成、键接方式、空间构型、几何形状、序列结构等方面。

1）高分子链的化学组成

按照主链的化学组成，可分为碳链大分子、杂链大分子、元素有机大分子等。化学组成不同，性能和结构都不同。

2）高分子链的键接方式

高分子链是由许多结构单元通过共价键键接起来的链状分子。在缩聚过程中，结构单元的键接方式比较固定。但在加聚过程中，单体构成高分子的键接方式比较复杂，存在多种可能的键接方式。例如，单烯类单体（$CH_2{=}CHR$）在聚合过程中可能的键接方式有头-尾、头-头和尾-尾键接三种：

$$\sim\!\!\sim CH_2-\underset{\displaystyle R}{\underset{|}{CH}}-CH_2-\underset{\displaystyle R}{\underset{|}{CH}}-\sim\!\!\sim$$

头-尾

$$\sim\!\!\sim CH_2-\underset{\displaystyle R}{\underset{|}{CH}}-\underset{\displaystyle R}{\underset{|}{CH}}-CH_2-\sim\!\!\sim$$

头-头

$$\sim\!\!\sim \underset{\displaystyle R}{\underset{|}{CH}}-CH_2-CH_2-\underset{\displaystyle R}{\underset{|}{CH}}-\sim\!\!\sim$$

尾-尾

3）高分子链的空间构型

空间构型是指分子中由化学键所连接的原子在空间的几何排列。这种排列是稳定的，要改变空间构型必须经过化学键的断裂与重组。高分子链的构型包括几何异构和旋光异构。

（1）几何异构。在双烯类单体采取 1, 4-加成聚合时，因大分子主链上存在双键以及同双键相连的基团在双键两侧的排列方式不同而有顺式（*cis*）构型和反式（*trans*）构型之分，它们称为几何异构体。例如，丁二烯用 Co、Ni 和 Ti 作为催化剂，可得顺式含量高达 94%的顺丁橡胶，而用 V 作为催化剂则得到反式为主的聚合物。顺式和反式聚丁二烯的结构式为

$CH{=}CH$　CH_2　CH_2
CH_2　CH_2　$CH{=}CH$　*cis*-聚丁二烯

CH　CH_2　CH　CH_2
CH_2　CH　CH_2　CH　*trans*-聚丁二烯

顺式聚丁二烯结构对称性差，分子链间的距离大，室温下为弹性优良的橡胶，而反式聚丁二烯结构规整性好，容易结晶，室温下为塑料。聚异戊二烯也存在顺反几何异构体，天然橡胶顺式含量高达 98%，因此具有优良的弹性，而杜仲胶为反式聚异戊二烯，室温下为塑料。

（2）旋光异构。如果碳原子上所连接的四个原子（或原子基团）各不相同时，那么该碳原子就称为不对称碳原子（手性碳原子）。由于每个不对称碳原子都有 D-及 L-两种可能构型，所以当一个高分子链含有 n 个不对称碳原子时就有 2^n 个可能的排列方式。例如：单取代烯烃的每个结构单元中都有一个手性碳原子，结构单元在空间的排列有三种典型的情况，各个不对称碳原子都具有相同的构型（D-型或 L-型）时称为全同立构；若 D-构型和 L-构型交替出现，则称为间同（间规）立构；若 D-构型及 L-构型无规分布，则称为无规立构（图 1-2）。全同立构和间同立构都属于有规立构，可通过烯烃的配位聚合得到。

对于低分子物质，不同的空间构型常有不同的旋光性。但对高分子链，虽然含有许多不对称碳原子，但由于内消旋或外消旋，一般并不显示旋光性。立体规整性对高分子化合物性能有很大影响，有规立构的高分子由于取代基在空间的排列规则，大都能结晶，强度和软化点也较高。

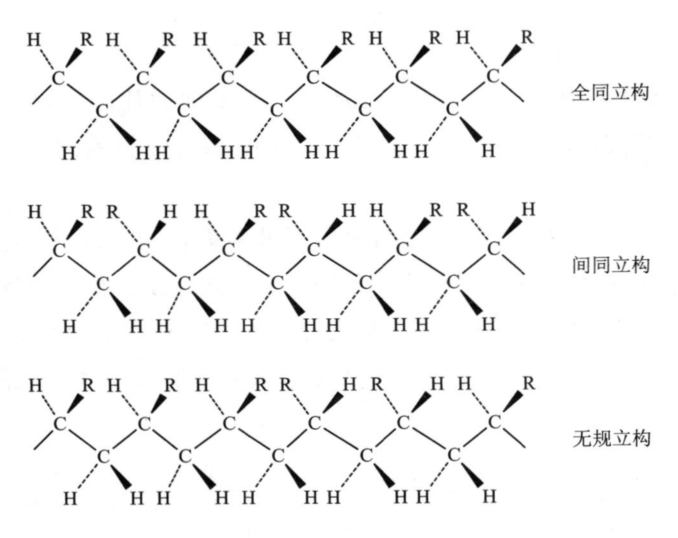

图 1-2 单取代烯烃的旋光异构体

4）高分子链的几何形状

高分子链的几何形状多样，主要包括线形、环形、星形、H 形、梳形、梯形、树枝形、无规支化形、网络形等（图 1-3）。

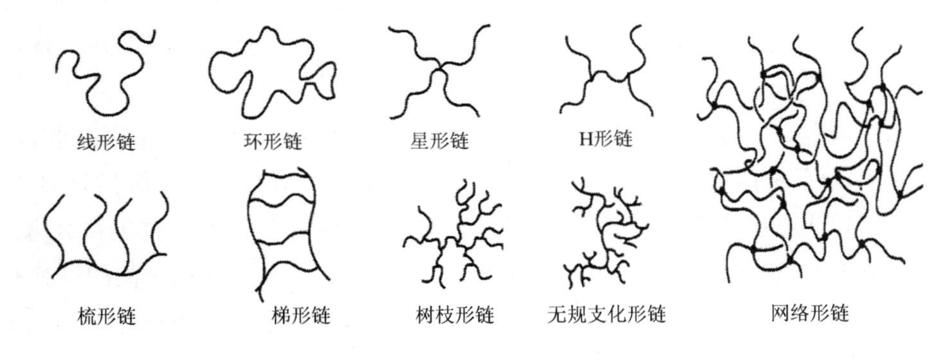

图 1-3 常见高分子链的形状

其中，线型结构和体型结构是高分子化合物两种重要的高分子链结构。

（1）线型结构是大分子链的几何形态之一，整个分子犹如一条长链。这种结构通常卷曲呈不规则的团状，受拉伸时则呈直线状。线型结构的高聚物具有良好的弹性和塑性，分子链之间为范德瓦耳斯力或氢键，在适当溶剂中可以溶解，加热可软化或熔化。易于加工成型，并可重复使用。可分为完全线型和带有支链线型两种。

（2）体型结构是指分子链与分子链之间有许多链节相互交联在一起，形成网状或立体结构，分子间为化学力（即交联）。体型结构有机物难溶于有机溶剂，在有机溶剂中只能任由本身分子链间胀大，体型结构有机物具有高温不熔化和在溶剂中不溶解的特性，称为热固性，如酚醛树脂、醇酸树脂、硫化橡胶等。

5）高分子链的序列结构

如果高分子化合物由两种或两种以上的单体共聚合成，那么高分子链的结构更加复杂。例如，对于单体 A 和 B 的共聚，控制共聚条件，可以得到无规、交替、嵌段和接枝四种类型的共聚物。尽管四种类型的共聚物化学组成相同，但由于两种结构单元的排列方式（序列结构）不同，它们的性质差别很大。四种共聚物的序列结构如下。

（1）无规共聚物：—A—A—A—B—B—A—B—B—B—A—A—B—

（2）交替共聚物：—A—B—A—B—A—B—A—B—A—B—A—B—

（3）嵌段共聚物：—A—A—A—A—…—A—B—B—B—B—…—B—

（4）接枝共聚物：—A—A—A—A—A—A—A—A—A—A—A—A—
　　　　└BBBBB—　　　　└BBBBBBB—

2. 高分子链的远程结构

高分子链的远程结构又称为高分子化合物的二级结构，是单个高分子链在空间所存在的各种形状，即高分子链的构象结构。

一般而言，高分子链是由众多 C—C 单键或 C—N、C—O、Si—O 等单键构成的。这些单键的电子云分布是轴对称的，因此，在高分子链运动时这些单键（如 C—C 键）可以绕轴发生内旋转（图 1-4）。如果不考虑取代基对这种内旋转的阻碍作用，这时高分子链上每一个单键在空间所能采取的位置与前一个单键位置的关系只受键角的限制。由于热运动下单键的内旋转作用，高分子链可采取各种可能的形态，每种形态所对应原子及键空间排列称为构象。这种能够改变其构象的性质称为柔顺性。

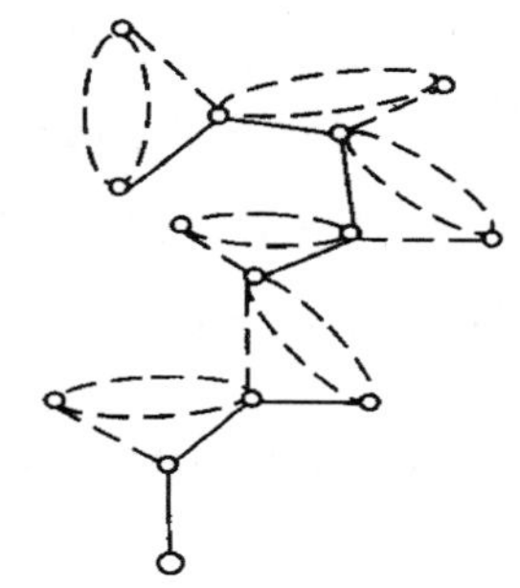
图 1-4　高分子链的内旋转

高分子链由许多单键构成，内旋转作用产生数量庞大的构象，在没有受力的自然状态下，高分子链总是采取构象数（构象熵）最大的状态，即卷曲态。一旦受到外力作用，高分子链可以伸展开来，构象数减少；除去外力后，高分子链又恢复到热力学稳定的卷曲态，显示出优异的弹性，高分子链的柔顺性越好，其弹性越好。

高分子链的柔顺性是决定高分子化合物特性的基本因素。柔顺性主要来源于内旋转，而内旋转的难易又取决于内旋转位阻的大小。凡是使内旋转位阻增加的因素都使柔顺性减小，这些因素包括主链结构、取代基、链的规整性、氢键等。

内旋转位阻首先与主链结构有关，化学键的键长越大，相邻非键合原子或原子团间的距离就越大，内旋转位阻就越小，链的柔顺性就越大。因此柔顺性的大小次序是：Si—O＞C—O＞C—C。

取代基对高分子链柔顺性的影响取决于取代基的极性、体积和位置。一般而言，取代基的极性越强、体积越大，内旋转位阻就越大，高分子链的柔顺性就越小。

热运动促使单键内旋转，内旋转使高分子链处于构象熵大的卷曲状态，而呈现众多的构象。但除熵值因素之外，决定高分子形态的还有能量因素，位能越低的形态在能量上越稳定。高分子链的实际形态取决于这两个基本因素的竞争，在不同条件下，这两个因素的相对重要性不同，因此就产生各种不同的形态，主要包括下面几种类型。

（1）伸直链：在这种形态中，每个链节都采取能量最低的反式链，整个高分子呈锯齿状。拉伸结晶的聚乙烯就是典型的例子。

（2）折叠链：如聚乙烯单晶中某些高分子链就采取这种形态，聚甲醛晶体中高分子链也是这样。

（3）螺旋形链：全同立构的聚丙烯、蛋白质、核酸等大分子链大都是这样的螺旋形。形成螺旋状的原因是，采取这种形态时，相邻的非键合原子基团间距离较大，排斥作用较小，或者有利于形成分子内的氢键。

（4）无规线团：大多数合成的线型高分子化合物在熔融态或溶液中，其分子链都呈无规线团状，这是较为典型的高分子链形态。

3. 高分子化合物聚集态结构

高分子化合物聚集态结构主要是指三级结构，是在分子间力作用下，大分子相互聚集在一起所形成的组织结构。聚集态结构强烈地受二级结构的影响，它是在材料加工时形成的，是决定材料使用性能的主要因素，受工艺条件的影响。一般地，一级和二级结构间接地影响材料的性能，而三级结构直接地影响材料的性能。

高分子化合物聚集态结构分为晶态结构和非晶态（无定形）结构两种类型。结构简单的、一级和二级结构规则的以及分子间作用力强的高分子化合物易于形成晶态结构。一级结构比较复杂和不规则的高分子化合物则往往形成非晶态结构。

1.3.4 高分子化合物的分子运动与性质

高分子化合物的性质是由其多层次结构所决定的，需通过分子运动体现出来。同一种高分子化合物，由于温度的不同，即分子运动情况的不同，可以表现出完全不同的宏观性质。例如：天然橡胶制品在常温下是柔软和富有弹性的材料，但用液氮（77 K）冷却时，就变成了像玻璃一样硬而脆的固体；室温下有机玻璃是塑料，一旦升温至373 K以上，就变得像橡皮一样富有柔性和弹性。因此，为了弄清高分子化合物的使用性能，还需要了解高分子化合物的分子运动特征以及运动对其物理状态的影响。

1. 高分子化合物的分子运动与力学状态

1）高分子化合物的分子运动特征

分子运动的性质和程度取决于温度。不同的运动形式所需活化能是不同的，因此不同形式的运动具有不同的临界温度，在此温度下，该形式的运动处于“冻结”状态。高分子化合物的分子运动具有如下两个特点。

（1）分子运动具有多重性。高分子化合物具有多重运动单元，如侧基、支链、链节、链段及整个高分子链等。高分子化合物分子运动方式有：键长、键角的振动或扭曲；侧基、支链或链节的摇摆、旋转；分子内旋转及整个高分子的重心位移等。

（2）分子运动具有明显的松弛特性。具有时间依赖性的过程称为松弛过程。

任何系统在外场（力场、电场、磁场等）作用下，都要由一种平衡状态过渡到与外场作用相适应的另一种平衡状态。外场的作用又称“刺激”，受到外场“刺激”后，系统状态的变化称为“响应”或应变。从施加刺激到观察到响应的时间间隔 t，称为时间尺度，简称时间。任何系统在外场作用下，从原来的平衡状态过渡到另一平衡状态是需要一定时间的，即有一个速度问题。这样的过程在物理学上称为松弛过程或弛豫过程或延滞过程。所以松弛过程也就是速度过程，在化学上就是化学动力学过程。这种过程的快慢可用松弛时间来衡量，松弛时间越长，过程越慢。严格而言，一切运动过程都有松弛特性。但诸如键长、键角的振动、扭曲等松弛过程在一般时间尺度内观察不到，可视为不存在松弛过程。高分子化合物的分子运动单元（除键长、键角及其他小单元外）一般都较大，松弛时间较长，所以在一般时间尺度下即可观察到明显的松弛特性。既然分子运动是一个速度过程，要达到一定的运动状态，提高温度和延长时间具有相同的效果，这称为时-温等效原理。高分子化合物的分子运动原则上都符合时-温等效原理。

2）非晶态高分子化合物的三种力学状态

非晶态高分子化合物随温度的升高呈现出三种力学状态（物理状态）：玻璃态、高弹态和黏流态。

如果对非晶态高分子化合物试样施加一恒定外力，观察试样发生的形变与温度之间的关系，可以得到如图 1-5 所示的温度-形变曲线。当温度较低时，分子间的作用力大以及热运动能量低，因此只发生侧基、键长、键角等的局部运动，而整个高分子链和链段（含 50～100 个 C—C 键的运动单元）的运动处于“冻结”状态，此时高分子化合物表现出胡克（Hook）弹性，像玻璃一样，没有柔顺性，质硬而脆，并且在外力作用下，发生的形变很小，故称玻璃态。

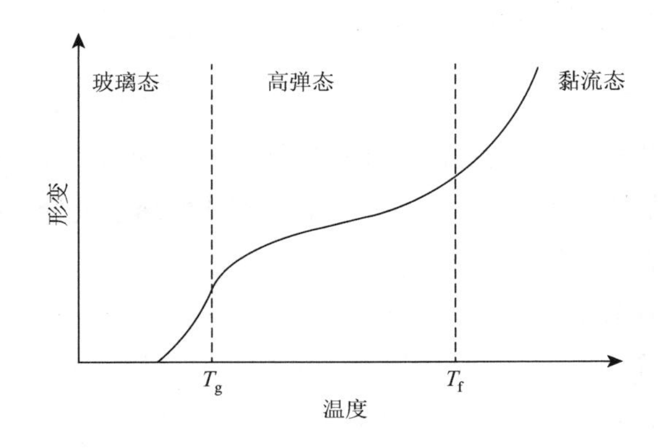

图 1-5　非晶态高分子化合物的温度-形变曲线

当温度升至某一范围后，热运动虽不能激发整个高分子链的运动，但可以激发链段运动，此时，在外力作用下，形变较大，并在随后的温度区间保持相对稳定。一旦除去外力，形变可迅速恢复，表现出橡胶弹性的特征，故称高弹态。

当温度再进一步升高，热运动的能量就可激发整个高分子链的运动，此时高分子链之间可以发生平移，形变量大幅增加且多为不可逆形变，高分子化合物变成黏性流体，故称黏流态。

由玻璃态开始向高弹态转变的温度，称为玻璃化转变温度，简称玻璃化温度，用 T_g 来表示；由高弹态开始向黏流态转变的温度，称为黏流温度，用 T_f 来表示。

在室温下，塑料处于玻璃态，而橡胶处在高弹态。玻璃化温度是非晶态塑料使用的上限温度，也是橡胶使用的下限温度。对于结晶高分子化合物，熔点则是其使用的上限温度。从图 1-5 中可看出，聚合物物理状态发生变化有两个转变温度，即 T_g（玻璃化温度）和 T_f（黏流温度）。对塑料要求 T_g 高，对橡胶要求 T_g 低。

2. 高分子化合物的性质

1）力学性质

作为材料使用时，总是要求高分子化合物具有必要的力学性能，对多数应用而言，力学性能比其他物理性能更为重要。在所有材料中，高分子材料的力学性能可变范围最宽，包括从液体、软橡皮到很硬的刚性固体。例如：在室温下，聚苯乙烯制品很脆，容易敲碎；而聚酰胺制品却很坚韧，不易变形也不易破碎；轻度交联的天然橡胶制品受外力可伸长好几倍，解除外力后还能基本上恢复原状；而胶泥变形后，却保持着新的形状。高分子化合物力学性质的多样性，为其不同的应用提供了广阔的选择余地。由于高分子化合物具有长链结构及其分子运动具有明显松弛的特征，所以高分子化合物的力学性质具有温度和时间的依赖性。

高分子化合物力学性质可用应力和应变、弹性模量、机械强度等物理量来描述。机械强度是指材料抵抗外力破坏的能力，主要包括：抗拉强度、抗冲击强度、抗弯强度、硬度等。由于高分子化合物的破坏过程具有松弛的特征，所以其机械强度除与结构、聚合度、结晶度、取向度、极性、填料、增塑剂等有关外，还与载荷速率及温度等外界条件有关。

一般地，随着聚合度增加，分子间力增大，高分子化合物的机械强度增加，但增加到一定程度后，机械强度增加十分缓慢，基本上达到恒定值；随着结晶度的增加，高分子化合物的硬度增加，但其抗弯和抗冲击强度下降；极性越大，分子间力越强，强度越高，如存在氢键作用则会使强度进一步增大，例如聚酰胺系列高分子化合物，就具有非常高的机械强度；增强填料一般会使高分子化合物的机械强度增加；增塑剂则会使高分子化合物的抗拉强度和硬度下降，但会提高高分子化合物的抗冲击强度。

2）电学性质

高分子化合物的电学性质是指其在外加电压或电场作用下的行为及其所表现出的各种物理现象，包括导电性质、在交变电场中的介电性质、在强电场中的击穿现象以及发生在高分子化合物表面的静电现象。在通常情况下，绝大多数高分子化合物是良好的电绝缘体，已广泛地用作绝缘材料和介电材料，但其绝缘性随交变电场频率的不同表现出很大的差异，这主要由其化学结构所决定。若高分子化合物有极性，则必存在偶极，这些偶极在交变电场作用下会发生频繁取向，而取向运动又受到高分子链的阻碍，这样必然消耗部分电能，这就是介电损耗。根据高分子化合物极性的不同，可将高分子化合物分为以下几类。

（1）非极性高分子化合物：其偶极矩 $\mu = 0$，介电常数 ε 为 1.8～2，如聚乙烯和聚四氟乙烯，绝缘性极优，适宜用作高频绝缘材料。

（2）弱极性高分子化合物：其偶极矩 $0<\mu\leqslant 0.5$，介电常数 ε 为 2～3，如聚苯乙烯、天然橡胶、聚异丁烯等，可作中频绝缘材料。

（3）极性高分子化合物：其偶极矩 $0.5<\mu\leqslant 0.7$，介电常数 ε 为 3～4，如聚氯乙烯、有机玻璃、聚酰胺等，可作中低频绝缘材料。

（4）强极性高分子化合物：其偶极矩 $\mu>0.7$，介电常数 ε 为 4～7，如酚醛塑料、脲醛塑料、聚酯等，只能作低频绝缘材料。

3）溶解性质

线型和支化的高分子化合物（线型结构）一般可溶于一定的溶剂形成溶液，但这个溶解过程相当缓慢，首先经历体积膨胀（溶胀）的过程，然后完全分散到溶剂中形成均匀的溶液；对于网状高分子化合物（体型结构），只能溶胀而不能溶解。高分子化合物浓溶液的黏度一般是很高的，可用来拉膜、纺丝。高分子化合物的溶剂焊接、溶液纺丝、溶液铸膜等工艺过程都依赖于其溶解性质。

高分子化合物的溶解度取决于其结构和选用的溶剂，一般地，分子量大，结晶度高，链间分子作用力大，溶解度就低，对于溶剂的选择，可以极性相似为原则。例如：对于低极性的高分子化合物聚苯乙烯，可选用低极性的苯、甲苯、二甲苯等作溶剂；对于极性高分子化合物有机玻璃，可选用丙酮、氯仿、二氯甲烷、四氢呋喃等作为溶剂；对于强极性和存在氢键的高分子化合物聚乙烯醇，可选用强极性和存在氢键的水、甲醇、乙醇等作为溶剂。

注意：同一种高分子化合物可以在不同的领域使用，但是不同领域所用的高分子化合物分子量和组成不同。如环氧树脂可用于玻璃钢、胶黏剂、涂料等；聚氨酯可用于皮革、涂料、胶黏剂等。

1.3.5 涂料用高分子化合物的要求

作为涂料成膜树脂的高分子化合物，必须要能够满足涂料的特殊要求：如储存时呈现黏流态，涂覆后逐渐形成稳定牢固的固态薄膜层，有适当的机械强度和韧性，而且长期保持稳定。为此高分子成膜树脂，需满足以下要求[3]。

（1）必须保证足够的分子量。涂层均是高分子的网状结构单组分涂料，成膜树脂的分子量必须达到上万级，如氯化橡胶涂料；双组分涂料虽然开始是低分子如环氧涂料，但是成膜过程中会逐渐形成大分子网状结构。

（2）涂层的玻璃化温度 T_g 在常温以上 20～30℃，不能相差过大，需保证在使用温度下涂层处于近高弹态，通常处于这一状态的涂层，其综合力学性能比较理想。

（3）固态膜层尽量避免结晶状态（结晶导致涂层发脆），常温无定形结构的力学性能、涂层机械性能良好。

（4）形态转化自如。常温储存时为黏流态，涂覆后逐渐形成稳定牢固的固态膜层，微观上处于强迫高弹态。

（5）相容性良好。无机、有机成分均能够混合相容，保证涂料体系的稳定性。

（6）成膜后涂层机械性能良好，并在使用周期内能保持较好的性能。

1.4 涂料成膜机制

涂料的许多性能必须在施工涂布成膜并硬化后才能实现，所以成膜品质就成为充分发挥其作用的首要前提。一般来说，涂料首先是一种流动的液体，在涂布完成之后才形成固体薄膜，成膜过程是一个玻璃化温度不断升高的过程。成膜方式主要有下列三种。

1.4.1 溶剂挥发和热熔的成膜

一般聚合物只在较高的分子量下才表现出较好的物理性质，但分子量高，玻璃化温度也高，为了使它们可以涂布，必须用足够的溶剂将体系的玻璃化温度降低，以便 T_g 的数值大到足够使溶液可以流动和涂布。当溶液黏度在室温下接近 0.1 Pa·s 时，其可以用于喷涂，在涂布以后溶剂挥发，于是形成固体薄膜，这便是一般可塑性涂料的成膜形式。

为了使涂层平整光滑，需要选择好溶剂。如果溶剂挥发太快，黏度很快升高，表面的涂料可因黏度过高失去流动性，使涂层不平整；另外，溶剂挥发太快，由于溶剂蒸发时失热过多，表面温度有可能降至雾点，会使水凝结在膜中，导致涂层失去透明性而发白或使涂层强度下降；溶剂不同会影响涂层中聚合物分子的形态。在不良溶剂中的聚合物分子是卷曲成团的，而在良溶剂中的聚合物分子则是舒展松弛的。溶剂不同，最后形成的涂层的微观结构也有很大差异，前者分子之间较少缠绕而后者是紧密缠绕的，后者往往有高得多的强度。图 1-6 为不同溶剂挥发的涂层微观结构。

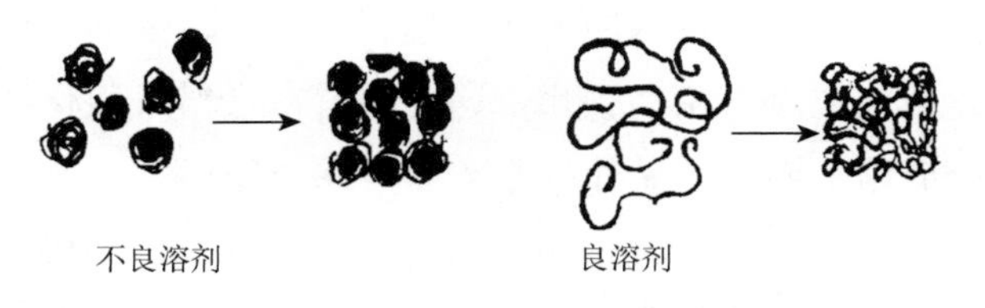

图 1-6 不同溶剂挥发的涂层微观结构

这种成膜方式可以用罐头内壁聚氯乙烯漆来说明，将聚氯乙烯溶于丁酮和甲苯混合溶剂中，所得聚氯乙烯溶液 25℃时的黏度达到 0.1 Pa·s 左右。涂布以后溶剂逐渐挥发，T_g 不断上升，三天以后，T_g 可达室温左右，这意味着自由体积已达最低，不能充分提供分子运动的孔穴，溶剂不易再从膜内逸出，但此时还有 3%～4%的溶剂束缚在膜内，这些溶剂必须在 180℃加热（即增加 T_g 的数值）2 min 以上才能被除去。

为了使聚合物成膜，除了加溶剂降低体系的 T_g 外，也可用升高温度的办法，通过增加 T_g 与常温的温差，来增加涂料体系的自由体积，使聚合物达到可流动的程度，即加热使聚合物熔融。流动的聚合物在基材表面成膜后予以冷却，便可得到固体涂层，这也是热塑性涂料成膜的另一种形式，即热熔成膜，例如涂在牛奶纸瓶上的聚乙烯就是用这种方法成膜的。粉末涂料也是热熔成膜的，如聚乙烯、聚氯乙烯、聚丙烯酸酯等可塑性聚合物都可被粉碎成粉末，然后用静电或热的办法将其附在基材表面上，并被加热至熔融温度以上，熔融的聚合物黏流体流平后，冷却即得固体涂层，粉末涂料中主要是热固性粉末涂料，它在加热熔融成膜过程中还伴有交联反应。

1.4.2 化学成膜

化学成膜是涂料依靠其主要成膜物质与空气中的氧或水蒸气反应，或是与固化剂进行化学反应，变成高分子聚合物或缩合物而固化成膜。先将可溶的（或可熔的）低分子量的聚合物涂覆在基材表面，在加热或其他条件下，分子间发生反应而使分子量进一步增加或发生交联而成坚韧的薄膜的过程。这种成膜方式是热固性涂料包括光敏涂料、粉末涂料、电泳漆等的共同成膜方式。化学成膜在发生化学反应之前或同时，一般也包含一个溶剂挥发的过程。

（1）与空气中氧或水蒸气反应成膜。这些涂料中，依靠与空气中氧或水蒸气反应成膜的涂料通常是单组分一罐装。如干性油为原料的油性涂料和油改性醇酸树脂涂料、酚醛树脂涂料通过和氧气的作用成膜。

（2）与固化剂反应固化成膜。这类涂料通常是双组分两罐装。固化剂固化的涂料的优点是涂层坚韧、附着力强、耐机械冲击和磨损、耐油、耐溶剂、耐化学品腐蚀。缺点是由于化学反应的速率与温度有密切关系，这类涂料在低温时固化缓慢，而高温时则可使时间大大缩短，造成施工困难；另外，这类涂料完全固化以后溶剂不易渗透，易引起层间附着不牢的弊病，因此有一个最长涂装间隔时间的问题。与固化剂反应固化成膜，如氨基树脂与含羟基的醇酸树脂、聚酯和丙烯酸树脂通过醚交换反应成膜，环氧树脂与多元胺交联成膜，多异氰酸酯与含羟基低聚物反应生成聚氨酯成膜以及光敏涂料通过自由基聚合或阳离子聚合成膜等。

1.4.3 乳胶成膜

乳胶涂料具有较低的黏度，在涂布以后，随着水分的蒸发，胶粒互相靠近，最后可形成透明的、坚韧的、连续的薄膜，但是有的乳胶干燥后只形成粉末而未形成坚韧的薄膜，乳胶能否成膜和乳胶本身的性质特别是它的玻璃化温度有关，也和干燥的条件有关。乳胶在涂料和其他方面用途极广，而且大部分需要乳胶成膜，因此了解乳胶成膜机制是非常重要的。乳胶成膜的过程比较复杂，目前的看法也不甚相同，这里仅做简单介绍。

乳胶在涂布以后，乳胶粒子仍可以以布朗运动形式自由运动，当水分蒸发时，它们的运动逐渐受到限制，最终乳胶粒子相互靠近呈紧密的堆积状态。由于乳胶粒子表面的双电层的保护，乳胶中的聚合物之间不能直接接触，但此时乳胶粒子之间可形成曲率半径很小的空隙，相当于很小的“毛细管”,“毛细管”中为水所充满，由水的表面张力引起的毛细管力可对乳胶粒子施加很大的压力，其产生的附加压力 ΔP 的大小可由拉普拉斯公式估计。

$$\Delta P=\gamma\left(\frac{1}{R_1}+\frac{1}{R_2}\right)$$

式中：ΔP 为毛细管中的水产生的附加压力；γ 为乳胶粒子液膜的界面张力；R_1、R_2 分别为乳胶粒子曲面的某点的任意两个正交的曲率半径。水分再进一步挥发，表面压力随之不断增加最终导致克服双电层的阻力，使乳胶内的聚合物间直接接触，聚合物间的接触又形成了聚合物/水的界面，界面张力引起新的压力，此种压力大小也和曲率半径有关，同样可用拉普拉斯公式计算。毛细管力，加上聚合物和水的界面张力互相补充，这个综合的力可使聚合物粒子变形并导致膜的形成。压力的大小和粒子大小相关，粒子越小，压力越大。

不同的涂料会有不同的成膜机制，各种涂料的主要成膜机制见图 1-7。

上面简单介绍了涂料的功能、主要组成、高分子的基础知识及涂料成膜机制，涂料是最为常见的防腐材料，在船舶的设计、建造和使用及维护中具有重要的作用，有必要加以全面、深入地了解。

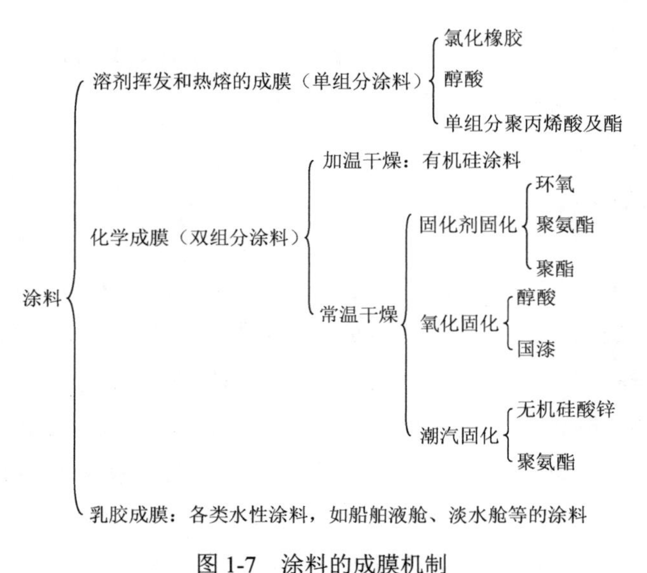

图 1-7　涂料的成膜机制

思 考 题

1. 涂料的主要作用有哪些?

2. 涂料的主要组成及功能有哪些?

3. 了解下列有机物质的结构式：丙三醇、甘油、邻苯二甲酸、邻苯二甲酸酐、间苯二酚、环氧氯丙烷、苯酚、己二胺、丙烯腈、苯乙烯、丙烯酸、丙烯酸乙酯、甲基丙烯酸乙酯、甲基丙烯酸羟乙酯、异戊二烯、甘油三脂肪酸酯、二乙烯三胺。

4. 掌握下列基团的结构特征：异氰酸酯基、氨酯键、酰胺键、端基环氧基、硅氧键、氟碳键。

5. 以典型成膜树脂为例，说明该成膜树脂的合成方法及特点。

6. 举例说明丙烯酸树脂的合成方法。

7. 简述非晶态高聚物的形变随温度的变化特征及与其微观结构的联系。

8. 高分子化合物的柔顺性是如何实现的?

9. 从理论上分析理想涂料成膜树脂的要求。

10. 涂料的成膜方式有哪些? 各有哪些特点?

11. 举例说明双组分涂料的成膜机制。

12. 请分析理想的涂层的微观结构特征与宏观性能的关系。

13. 请分析具有良好机械性能（强而韧）的涂层的理想的微观结构有哪些特征。

第2章

涂料基础知识

2.1　涂料的主要成膜树脂品种

成膜物质是涂料最为重要的成分，承担着形成完整涂层的作用，对涂料的性能起着至关重要的作用。在涂料中使用的主要成膜物质有油料、天然树脂和大量的合成树脂品种等[4-5]。

2.1.1　主要成膜物质的分类及主要特点

1. 植物油

植物油的主要成分为直链高级脂肪酸和甘油生成的酯。植物油中不饱和脂肪酸的含量越多，不饱和脂肪酸中所含双键数越多，活化能力越强，成膜就越快，干性越好。根据植物油所含不饱和脂肪酸的双键数量可分为干性油、半干性油与不干性油三类。

（1）干性油分子中平均双键数在6个以上，如桐油、梓油、亚麻籽油、苏籽油等。

（2）半干性油分子中平均双键数在4～6个，如豆油、葵花籽油、棉籽油等。

（3）不干性油分子中平均双键数在4个以下，这类油在空气中不能自行干燥，因此不能直接用作成膜物质，如蓖麻油、椰子油等。一般用于制造合成树脂及增塑剂，有的不干性油可经化学改性而转变成干性油，如蓖麻油可经脱水而转变成干性油，即脱水蓖麻油。

2. 树脂

（1）天然树脂有松香、沥青、阿拉伯树胶等。随着高分子合成技术的发展，目前天然树脂几乎不用作涂料的成膜物质。

（2）合成树脂通常由低分子化合物通过化学加工而得。

2.1.2 涂料主要成膜物质的性能要求

主要成膜物质树脂应具有以下性能：①易于涂饰；②干燥速度快；③与基材附着性好，并且涂膜坚韧；④对颜料的分散性好，涂料的储存稳定性好；⑤涂膜光泽性好，颜色鲜明，保色性好；⑥耐久性、耐候性优良，不易受污染；⑦耐水性、耐药品性好。

一般不是任何天然树脂、合成树脂都可以作为涂料的主要成膜物质。

由植物油、天然树脂调配的涂料，施工性能和应用性能均有局限性，只能作低档涂料使用。由于合成树脂可以根据需要进行分子设计和质量控制，所以性能优异的涂料主要是由合成树脂来制备的。常用的合成树脂主要有：酚醛树脂、聚酯树脂、醇酸树脂、不饱和树脂、氨基树脂、丙烯酸树脂、环氧树脂、聚氨酯树脂等。

2.1.3 天然树脂

1. 松香

松香（又称熟香）是由赤松、黑松等不同的松树从树皮切口分泌出来的松脂，经蒸馏提出松节油后制得。

另一种制备松香的方法是将松树砍伐堆在地上几年以后，再将松根或树枝切成刨花状的碎片，放在特制的容器内用溶剂提出松香。

松香外观为透明玻璃状脆性物质，颜色从淡黄色到黑色，有特殊气味，不溶于水，溶于乙醇、乙醚、丙酮、苯、二硫化碳、松节油、油类和碱性溶液。

松香在涂料中可制造催干剂，如松香钴皂、锰皂、铅皂。也可制造松香改性树脂，如石灰松香、甘油松香脂、季戊四醇松香酯、松香改性醇酸树脂等，但现在已经比较少使用了。

松香在船舶涂料中最大的作用是利用它在海水中的微溶性，帮助毒料从涂层中向海水渗出。

2. 沥青

沥青是由 C、H、O 组成的低分子的混合物，以饱和烃类、芳烃类为主，分为天然沥青和人造沥青两大类。天然沥青是从地上采掘出来的。人造沥青是石油、煤焦油或脂肪酸等产品的蒸馏残余物，因而又分为石油沥青、煤焦油沥青。柏油马路与涂料使用的原料相同。

沥青在涂料中使用的历史很长。它是一种黑色的固体或半固体，遇热能熔化成液体。能溶解在苯类或石油类溶剂中。它的突出之处是耐水性和耐化学药品性能较好，价格合适，可以用来制造金属、木材表面涂装的防锈、防腐蚀涂料。

2.1.4　合成树脂

涂料涉及的合成树脂从历史上看品种复杂，本节只涉及目前仍然使用的有价值的几种。

1. 醇酸树脂

醇酸树脂是由多元醇和多元酸及植物油通过酯化缩聚制备而成的。其本质上是聚酯，但与纤维和工程塑料工业使用的聚酯相比，分子量低，无结晶倾向，而且含有植物油的成分。

常用的多元醇有甘油、季戊四醇、三羟甲基丙烷；常用的多元酸及酸酐有苯酐、间苯二甲酸、顺丁烯二酸酐；常用的植物油有干性油、半干性油等。

作为涂料使用的醇酸树脂分为两类，一类通过氧化干燥成膜，另一类则是通过非氧化干燥成膜的。后者主要用作增塑剂和多羟基聚合物；前者可以说是一种改性干性油，但其分子量比干性油有较大的提高，因此只需要少许交联点其涂层即可干燥，在涂层性能方面也较传统干性油有显著提高。醇酸树脂为基础的涂料，通过原料选择、配方调整和工艺条件的变化，可以得到不同类型不同特点的涂料。

醇酸树脂的配比对性质影响很大。醇酸树脂存在一个特殊的名词“干性”。以苯酐、甘油、豆油脂肪酸合成的醇酸树脂为例，加以说明。

当苯酐∶甘油∶豆油脂肪酸 = 1∶2∶4（物质的量比），为等当量的，其结构式为

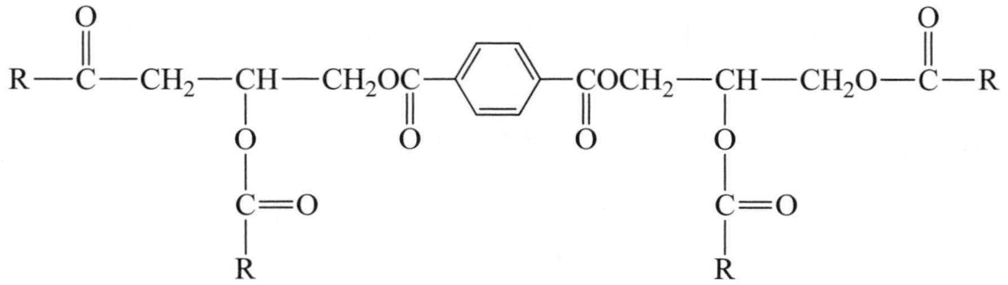

$$\mathrm{R{-}\overset{O}{\overset{\|}{C}}{-}CH_2{-}\underset{\underset{\underset{\underset{R}{|}}{C{=}O}}{|}}{\underset{O}{\underset{|}{CH}}}{-}CH_2O\underset{\underset{O}{\|}}{C}{-}C_6H_4{-}\underset{\underset{O}{\|}}{C}OCH_2{-}\underset{\underset{\underset{\underset{R}{|}}{C{=}O}}{|}}{\underset{O}{\underset{|}{CH}}}{-}CH_2O{-}\overset{O}{\overset{\|}{C}}{-}R}$$

由于豆油脂肪酸含双烯酸为 0.51，含三烯酸为 0.09（不饱和度），则上述醇酸树脂的平均活泼亚甲基数为 $0.51\times4+0.09\times4\times2=2.76$。

作为干性油的要求是平均活泼亚甲基数大于等于 2.2，因此上述醇酸树脂可以干燥。尽管豆油是半干性油，但其通过改性加大了分子量，变成了干性油。

当苯酐∶甘油∶豆油脂肪酸＝2∶3∶5（物质的量比）时，产物的分子量更大，其平均活泼亚甲基数为 3.45，则干燥速度显然比第一种更快。当苯酐∶甘油∶豆油脂肪酸达到 1∶1∶1 时，产物的聚合度非常高，极易干燥。

由上述说明可知，醇酸树脂中的植物油含量对醇酸树脂性能有很大影响。油含量高，韧性增加，在脂肪族溶剂中溶解度增加，施工性能好，但耐候性变差，一般用 50%油度，油度在 40%～60%时，表面干燥速度快，硬度增加，但耐溶剂性能下降。一般在常温氧化干燥的醇酸树脂中，希望有尽可能多的活泼亚甲基，尽可能多的苯环结构，使室温固化速度加快；含少量的羟基有助于附着力的提高；温度升高，干燥速度加快，短油度醇酸树脂常用作烘干型醇酸树脂涂料。

醇酸树脂涂料的性能优点是：①涂层干燥后，形成网状结构，不易老化，耐候性好，光泽能持久不退；②涂层柔韧而坚固，并能耐摩擦；③耐矿物油、醇类溶剂性能好，烘烤后的涂层，耐水性、绝缘性、耐油性都大大提高。

其性能缺点是：①干结成膜较快，但完全干透时间较长；②耐水性差，不能耐碱；③醇酸树脂涂料虽不是油性漆，但就其多数来说，没有脱离脂肪酸衍生物的范围，因此对防盐雾、防湿热、防霉菌等三防性能没有多大保证。在选择使用时，应正确分析。

醇酸树脂涂料主要用于室内对涂料耐候性、耐腐蚀性能要求不是很高的场合，如用于木器家具等。

2. 氨基树脂

现在氨基树脂主要作为热固性涂料中的一种重要的交联剂，其中最为常用的是三聚氰胺（蜜胺），即 2, 4, 6-三乙胺基-(1, 3, 5)三嗪。一般氨基树脂不能单独作为涂料成膜物质，而总是与其他树脂如醇酸、丙烯酸等配合使用。这样的涂料一般要求烘烤干燥，成膜后在光泽、硬度、耐水性、耐油性、保色、绝缘等方面性能优良，是涂料工业中广泛应用的品种。

氨基树脂是指胺或酰胺与甲醛反应所得的产物。反应的通式为

$$R—X—NH_2 + HCHO \xrightarrow{OH^-} R—X—NH—OH \begin{cases} \nearrow R—X—NHOR' \\ \searrow R—X—NH—CH_2OCH_2NH—X—R \end{cases}$$

反应首先生成羟甲基化合物，这个反应既可在碱性条件下进行，也可在酸性条件下进行。

但在酸性条件下生成的羟甲基化合物很容易发生聚合反应，为了稳定羟甲基化合物，改善在有机溶剂中的溶解度，可用醇将羟甲基醚化。

羟甲基化合物或其低聚物可以直接使用，如用于黏合剂、层压板等方面，但在涂料工业中很少直接利用氨基树脂作为成膜物。因其膜的性质并不理想，氨基树脂通常用来和其他树脂如醇酸树脂、聚酯、丙烯酸树脂等配合，作为它们的交联剂。氨基树脂被广泛用于汽车涂料和高质量的工业涂料，它赋予涂料较好的热稳定性、耐久性、较快的固化速度。

作为交联剂，醚化的氨基树脂是和多羟基聚合物（多元醇）通过醚交换反应完成交联的，醚交换反应一般为酸所催化。氨基树脂中的醚由于邻近的 N 原子的影响，比一般脂肪醚活泼得多，除了和醇反应外，还可和酸及酰胺反应，它们的反应式表示如下：

$$(\text{M})(\text{R}')\text{N}-\text{CH}_2-\text{OR} + (\text{P})-\text{OH} \rightleftharpoons (\text{M})(\text{R}')\text{N}-\text{CH}_2-\text{O}-(\text{P}) + \text{R}-\text{OH}$$

$$(\text{M})(\text{R}')\text{N}-\text{CH}_2-\text{OR} + (\text{P})-\text{C}(=\text{O})-\text{OH} \rightleftharpoons (\text{M})(\text{R}')\text{N}-\text{CH}_2-\text{O}-\text{C}(=\text{O})-(\text{P}) + \text{R}-\text{OH}$$

$$(\text{M})(\text{R}')\text{N}-\text{CH}_2-\text{OR} + (\text{P})-\text{C}(=\text{O})-\text{NH}_2 \rightleftharpoons (\text{M})(\text{R}')\text{N}-\text{CH}_2-\text{NH}-\text{C}(=\text{O})-(\text{P}) + \text{R}-\text{OH}$$

Ⓜ为氨基树脂的其他部分；Ⓟ为聚合物；R′为H或 CH_2-OR

如果使用三聚氰胺与过量甲醛反应，在碱性条件下会生成六羟甲基三聚氰胺。这一产物再在酸性条件下与过量的醇和甲醇反应可得到六甲氧基甲基三聚氰胺（hexamethoxy-methyl melamine，HMM），纯的 HMM 是白色结晶固体。但上述过程十分复杂，反应均可逆，产率视反应条件与配方而变化，一般得到混合物。因此以此类产物配制的涂料价格较高，性能要求高。

三聚氰胺甲醛树脂涂料的优点：固化速度快，烘烤时涂层不易起皱，烘烤后涂层保光保色性好，光泽高，硬度较高，耐水、耐碱性好；在漆中含量较低时，也具有较好的固化性能；室外耐久性好，具有一定的抗粉化性，抗龟裂能力强。

将三聚氰胺甲醛树脂与醇酸树脂复配，制成三聚氰胺甲醛醇酸树脂涂料，在实际中有许多的应用。此类涂料性能特点是：清漆颜色浅，不易泛黄，涂层外观丰满，色彩鲜艳，涂层坚韧、附着力好、机械强度高，涂层耐老化性、抗粉化性、抗龟裂性好，干后不回黏，受冲击不脱落，施工性能好、流平性好、涂层不易起皱，具有一定的耐酸、耐碱、耐水、耐油、耐磨性，具有良好的电气绝缘性能，可采用静电涂装。因此它的使用范围越来越广，如复合地板表面有突出的耐磨性，就是因为涂覆了此类涂料。

3. 丙烯酸树脂

丙烯酸树脂是丙烯酸及其酯和甲基丙烯酸及其酯的聚合物和共聚物。它们广泛地用于涂料、黏合剂、纺织助剂等领域。以丙烯酸树脂为成膜物的涂料称为丙烯酸涂料，可制成多种涂料如溶剂型、水型、粉末型以及光敏性涂料，在汽车、飞机、电子产品、纸张、纺织品、金属、建筑、塑料和木材等的保护和装饰上起着越来越重要的作用。丙烯酸涂料的迅速发展首先是因为它具有优良的综合性能，如耐久性、透明性、稳定性，也在于它经过配方的调节能具有不同硬度、柔韧度和其他要求的性质。

丙烯酸及丙烯酸酯的原料单体分为三类。

第一类是无支链的丙烯酸及丙烯酸酯类，由于是支链结构，成膜后分子链构象变化容易，强度低，位阻小，称为“软段”。以下是一些常见的品种和分子式：

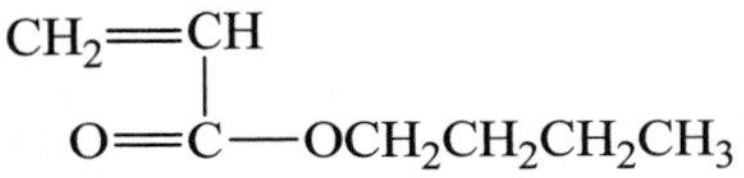

$$CH_2{=}CH{-}C({=}O){-}OCH_2CH_2CH_2CH_3$$

丙烯酸丁酯

$$CH_2{=}CH{-}C({=}O){-}OCH_2CH_3$$

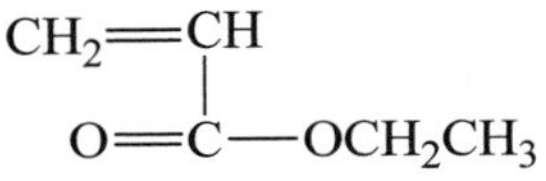

丙烯酸乙酯

第二类是含有支链的单体，成链后构象变化旋转位阻大，链段强度大，因此称为“硬段”，常见品种有

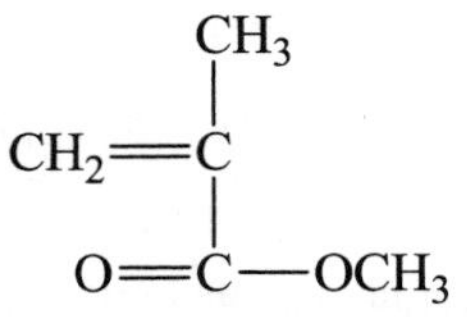

$$CH_2{=}C(CH_3){-}C({=}O){-}OCH_3$$

甲基丙烯酸甲酯

$$CH_2{=}C(CH_3){-}C({=}O){-}OCH_2CH_3$$

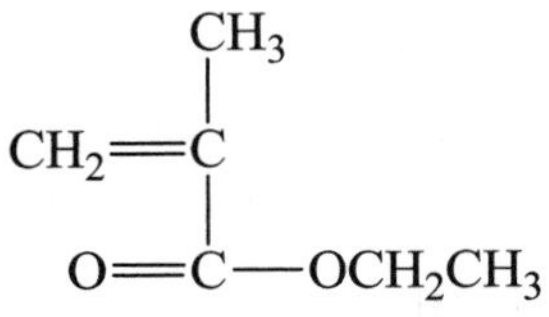

甲基丙烯酸乙酯

第三类是含有活性基团的单体，其作用主要是携带了形成三维结构的支点，通过活性点反应，形成三维网络结构，同时增强与底材的附着力。如：

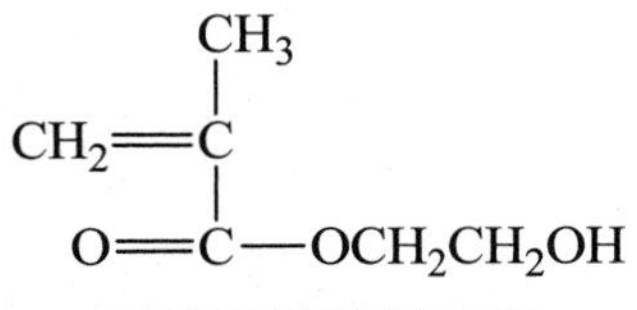

$$CH_2{=}C(CH_3){-}C({=}O){-}OCH_2CH_2OH$$

甲基丙烯酸羟乙酯

$$CH_2{=}CH{-}C({=}O){-}NHCH_2OH$$

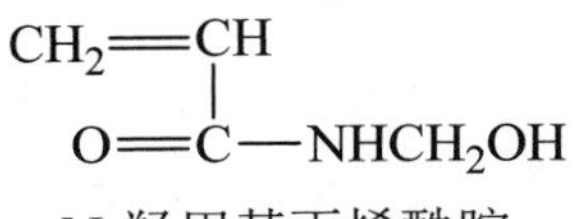

N-羟甲基丙烯酰胺

三种丙烯酸单体的结构不同，赋予树脂涂层不同的性能：软段结构中 α-H 位阻小，T_g 低，伸长率高，强度低，树脂易水解，黏结性强；硬段结构由于甲基位阻大，旋转困难，T_g 高，涂层的强度大，性能稳定，但涂层偏脆；而活性单体的活性基团，能够通过化学反应，将链式分子交联形成网状树脂结构，保证涂层结构的稳定持久。可以通过不同单体组合，调整树脂的玻璃化温度 T_g，调节分子链的极性、溶解度、黏度，保证最终形成的聚丙烯酸树脂具有良好的综合性能。

从力学性能看，具备适当的软段-硬段嵌段结构的分子链，其柔韧性和机械强度能够达到良好的匹配：适当的嵌段中的硬段能够保证整条分子链的机械强度，而软段则赋予了分子链适当的旋转运动——柔韧性，适当的软硬段的分布组合，能够保证分子链集合体的树脂具有优异的机械性能——“强而韧”。这种基于分子设计，从分子微观结构来控制宏观性质的理念，是材料研究及制造中最为有效的手段，也是材料学科主要的成果之一。借助这一理念，可以按照对材料的性能要求，从分子设计阶段入手，设计符合最终性能的物质结构，从分子微观结构上保证最终物质符合用户的要求，这点在高聚物成膜树脂开发上得到充分的重视和利用，而聚丙烯酸成膜树脂就充分地体现出了这一点。

不同种类的丙烯酸单体的选择余地大，加上含有活性单体，能够形成三维网状结构，具备了形成优质涂层的基础，通过合理的设计，配合良好的合成工艺，能够开发制备一系列不同性能的成膜树脂品种，以满足不同目的的涂层需求。基于这样的良好基础，丙烯酸树脂的品种及工艺开发极其丰富，形成了众多的品种可供开发，与此同时相关树脂的制造工艺又成为开发者的关键技术，因此不同厂家的产品特点不同，需要采用者加以掌握。

选用不同类型的单体，可以合成设计出不同性质的丙烯酸成膜树脂，具体可分为热塑性和热固性两大类。

1）热塑性丙烯酸树脂

热塑性丙烯酸树脂选用的单体不含有活性官能基，加热时不会自己或与其他外加树脂交联生成体型结构。只能软化，而冷却后又恢复原来状态。

热塑性丙烯酸涂料主要组分是聚甲基丙烯酸甲酯。它通常由游离基溶液聚合制备，溶剂可为甲苯/丙酮，引发剂可以是过氧化苯甲酰或偶氮二异丁腈（单体浓度为 0.2%～1.0%），反应温度在 90～110℃，一般要求聚合物重均分子量约 90 000，这种聚合物在室外使用时有非常突出的保光性。

单纯的聚甲基丙烯酸甲酯太脆，且对底漆的附着力差，溶剂不易挥发尽。为此，需加增塑剂，如邻苯二甲酸二丁酯等。通过共聚可以改善聚甲基丙烯酸甲酯的性质，共聚单体如丙烯酸丁酯、丙烯酸乙酯等可以降低玻璃化温度，改善涂层的脆性，以及与底漆间的附着力；还可以用少量含极性基团的单体，如丙烯酸或甲基丙烯酸、丙烯酸或甲基丙烯酸的羟乙基酯或羟丙酯等，改善涂层的附着力、对颜料的亲和力等。共聚物可以阻止聚甲基丙烯酸甲酯的链锁式的降解，提高涂层的稳定性。

2）热固性丙烯酸树脂

热固性丙烯酸树脂选用单体中，在侧链上带有活性官能基。加热或催化作用下，会自己或与其他树脂进行交联反应，从而形成不熔不溶的体型结构。

热塑性丙烯酸涂料的固含量太低，要增加固含量，必须降低丙烯酸树脂的分子量，但这必然影响涂层的各种性能。为了克服这个困难，可使分子量较低的丙烯酸树脂在涂布以后经分子间反应而构成大的体型分子，这便是热固性的丙烯酸涂料的本质。热固性丙烯酸涂料除了有更高的固体分以外，还有更好的光泽和表观，更好的抗化学、抗溶剂及抗碱、抗热性等。其缺点是，它只有一定的使用寿命，不能长时间储存。

热固性丙烯酸树脂一般通过羟基、羧基、氨基、环氧基和交联剂（如氨基树脂、多异氰酸酯及环氧树脂等）反应，最常见的是通过羟基的反应，如：

$$\text{Ⓟ—OH} + \text{Ⓟ—NCO} \longrightarrow \text{Ⓟ—O}\overset{\overset{\displaystyle O}{\|}}{\text{C}}\text{NH—Ⓟ}$$

$$\text{Ⓟ—OH} + \text{Ⓟ—NHCH}_2\text{OH} \longrightarrow \text{Ⓟ—OCH}_2\text{NH—Ⓟ} + \text{H}_2\text{O}\uparrow$$

热固性丙烯酸树脂的一个典型共聚配方如下：MMA∶BA∶HEMA∶AA = 50∶39∶10∶1（质量比），MMA（methyl methacrylate）为甲基丙烯酸甲酯，是硬单体，是聚合物中的主体；BA（butyl acrylate）是丙烯酸丁酯，是软单体，用来调节玻璃化温度，提供链的柔性；HEMA（2-hydroxyethyl methacrylate）是甲基丙烯酸羟乙酯，它提供自由的羟基，用于交联反应；AA（acrylic acid）为丙烯酸，它可使树脂有较好的附着力并有助于防止颜料絮凝，引入的羧基也可参加交联反应。

热固性丙烯酸树脂还可以制备成水溶性的树脂，在建筑等方面因符合绿色环保要求而有着广泛应用。

总之，热固性丙烯酸树脂是新型合成树脂，具有保光、保色、不泛黄、耐候、耐热、耐化学药品等优良性能，在各工业部门得到广泛应用，如丙烯酸涂料在纸张、皮革、飞机、轿车、机械设备上的涂装。

4. 氯化橡胶

氯化橡胶是由天然橡胶经过塑炼或异戊二烯橡胶溶于四氯化碳中，通入氯气而制得的白色多孔性固体物质。

工业生产的氯化橡胶一般含氯量为 67%。单独使用氯化橡胶作涂料时涂层较脆，附着力不好、不耐紫外线、易老化。所以在制造氯化橡胶时，在配方组成中加入天然树脂或合成树脂、增塑剂、稳定剂等进行改性，以便提高涂层的物理性能。

氯化橡胶涂料主要是对酸、碱有一定的耐腐蚀性，如在 50℃以下能耐 10%的盐酸、硫酸、不同浓度的氢氧化钠溶液及湿氯气的介质腐蚀。但不耐溶剂，对水蒸气渗透性能低，耐水性好，耐盐水和盐雾性好，在很多品种中氯化橡胶涂料是通透性能最低的品种之一。耐燃性好，由于氯化橡胶含氯最高达 67%，所以有一定的防延燃性。耐热性差，氯化橡胶热分解温度为 130℃，在潮湿环境下 60℃即开始分解，因此使用温度不能高于 60℃。耐紫外线老化性差，氯化橡胶容易因紫外线老化而产生涂层开裂、粉化等破坏现象。因此该涂料组分中应考虑使用耐候性较好的合成树脂改性。鉴于以上性能，氯化橡胶涂料可以用于化工大气防腐蚀及船舶防腐蚀。

氯化橡胶涂料的缺点是在高温下会释放出氯化氢气体，对人体有很大的刺激作用，因此不适合作为机舱、泵舱和房舱内的涂料。此外，涂有氯化橡胶涂料的钢板，经点焊和火工校正后，氯离子易深入钢铁内部，造成较严重的腐蚀。

氯化橡胶在生产过程中采用四氯化碳为溶剂，其副产品为氯化氢，生产中排放的废水和废气对环境造成污染，在许多国家对氯化橡胶的生产进行限制，氯化橡胶的涂料也正被逐步淘汰。

5. 环氧树脂

环氧树脂通常指端基为环氧基或侧链含有环氧基的高分子物质的总称。环氧树脂一般是由多元酚、多元醇、多元酸、多元胺与过量的环氧氯丙烷缩聚或烯烃氧化得到。未固化前，环氧树脂为液体到固体的线型低分子量低聚物，同固化剂反应后可形成热固性树脂，从而体现出其黏结等性能。环氧树脂主要包括缩水甘油醚型环氧树脂、缩水甘油酯型环氧树脂、缩水甘油胺型环氧树脂、脂肪族环氧化物、脂环族环氧化物和混合型环氧树脂[6]。

最重要的工业化环氧树脂是双酚 A 型环氧树脂，产量最大（约占环氧树脂总量的 80%），用途最广。其他品种是为特殊的用途发展起来的，虽然产量小，但呈现出逐年增加的趋势，并且有独特的性能，应用领域也十分广泛。

双酚 A 型环氧树脂是由环氧氯丙烷衍生的产物，含有缩水甘油基团和羟基，主链由醚键组成，最常见的双酚 A 型环氧树脂的制备示意如下：

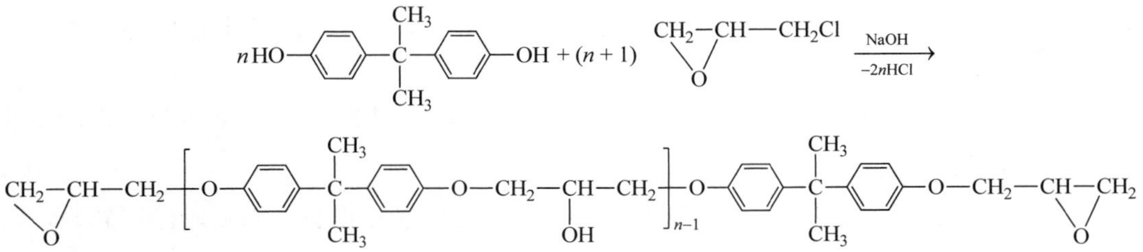

$$n\,HO-C_6H_4-C(CH_3)_2-C_6H_4-OH + (n+1)\,\underset{\diagdown O \diagup}{CH_2-CH}-CH_2Cl \xrightarrow[-2nHCl]{NaOH}$$

$$\underset{\diagdown O \diagup}{CH_2-CH}-CH_2-\left[O-C_6H_4-C(CH_3)_2-C_6H_4-O-CH_2-\underset{OH}{CH}-CH_2\right]_{n-1}-O-C_6H_4-C(CH_3)_2-C_6H_4-O-CH_2-\underset{\diagdown O \diagup}{CH-CH_2}$$

1）环氧树脂的结构特征

从双酚 A 型环氧树脂的分子结构中可以看出：环氧树脂分子两端的环氧基是主要的反应官能团。链中的羟基也是可反应官能团。一般可用环氧值和环氧基质量分数来表示环氧树脂中所含环氧基的多少。

环氧值：100 g 环氧树脂中含有的环氧基的物质的量。国内主要用环氧值来表示环氧树脂的规格，例如：E44 环氧树脂，表示该树脂的平均环氧值是 0.44。

环氧当量：含有 1 mol 环氧基的环氧树脂的质量（可用 g 或 kg 表示，但用前者较为普遍）。国外环氧树脂的性能指标主要用环氧当量来表示。

环氧基质量分数：100 g 树脂中所含有的环氧基的质量（环氧基 $\underset{\diagdown O \diagup}{-CH-CH-}$ 的基团总原子量为 42）。

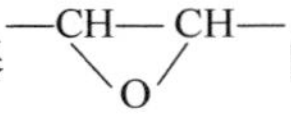

环氧值和环氧基质量分数之间可以通过以下公式相互换算：

环氧值 = 环氧基质量分数/环氧基总原子量 = 环氧基质量分数/42

一般可以通过化学分析的方法来测定上述指标的数值，也可以在已知环氧树脂分子量后进行理论计算。如已知环氧树脂的平均分子量为 340，则可做如下计算：

环氧值 = 每分子中环氧基的数目/环氧树脂的分子量 = 100×2/340≈0.59

因为双酚 A 型环氧树脂的环氧基只存在于树脂分子的两端，所以这里假定每个环氧树脂分子含有两个环氧基。必须指出的是：环氧值和环氧树脂的分子量一样，都具有平均的概念。

同样，环氧树脂的羟基含量可以用羟基值等指标来表示，羟基值是指 100 g 环氧树脂中所含的羟基的物质的量。

环氧树脂的结构中含有脂肪羟基、醚键及活泼的环氧基，而羟基和醚键有极性，使相邻环氧树脂分子之间产生作用力。环氧基则能与介质表面，特别是金属表面的游离键起反应，形成化学键，因而环氧树脂的黏合力特别强。

大部分环氧树脂本身的分子量不高，不具有自动成膜的性能，是典型的线型结构，必须通过化学方法改性，才能形成完整的涂膜。一种方法是通过酯化反应引入不饱和脂肪酸，从而可以在空气中氧化交联；另一种方法是通过和小分子胺、酸酐等反应形成网状交联结构，这些小分子物质称为固化剂，环氧树脂必须通过固化剂才能变成不熔不溶的热固性树脂。

2）环氧树脂固化过程中的化学反应

环氧树脂分子中的可反应官能团主要是环氧基，其次是羟基。可通过它们能够发生的开环偶联和缩合反应进行固化交联，形成体型高分子化合物。常用的固化剂有：多元脂肪胺（如 593，二乙烯三胺与环氧丙烷丁基醚加成物）、含芳基的多元胺（如T31，多胺、甲醛和苯胺的曼尼希（Mannich）反应产物）、聚酰胺（如651，桐油酸与多元胺反应得到的桐油酸二聚体多元胺）、酮亚胺、聚硫醚、羧酸和酸酐、氨基树脂、酚醛树脂等。在实际应用中，应根据环氧值来计算固化剂的用量。

（1）环氧基的反应。

环氧树脂中环氧基团，从化学结构看是一个不稳定的三元环。环上氧原子的电负性大于碳原子，在氧原子和碳原子之间形成的是极性共价键。在不同的条件下，它既可与亲核试剂（给电子体）发生开环反应，又可与亲电试剂（受电子体）发生开环反应。环氧树脂与固化剂的反应就是典型的与亲核试剂的反应。

例如，环氧基与伯胺的反应：

$$\overset{\overset{O}{\diagup\ \diagdown}}{CH_2—CH}—CH_2—O— + R—NH_2 \longrightarrow R—NH—CH_2—\underset{}{\overset{OH}{\overset{|}{CH}}}—CH_2—O—$$

其中伯胺中含有多余电子的氮原子，与环氧基中带正电的碳原子相互结合成新的共价键。伯胺氨基上有两个氢原子（也称活泼氢原子），其中的一个氢原子与环氧基中的氧原子结合成羟基；同时生成的仲胺还可与环氧基反应，生成叔胺。

$$\overset{\overset{O}{\diagup\ \diagdown}}{CH_2—CH}—CH_2—O— + \begin{matrix}R_1\diagdown \\ R_2\diagup\end{matrix}NH \longrightarrow \begin{matrix}R_1\diagdown \\ R_2\diagup\end{matrix}N—CH_2—\overset{OH}{\overset{|}{CH}}—CH_2—O—$$

上述胺与环氧基的反应是环氧树脂最基本的固化反应。叔胺的氨基上虽然没有活泼氢原子，但其氮原子上的孤对电子仍可与环氧基中的碳原子结合开环：

$$R_3N + \underset{\underset{O}{\diagdown\ \diagup}}{CH_2—CH}\sim\sim \longrightarrow R_3N^+—CH_2—\underset{\underset{O^-}{|}}{CH}\sim\sim$$

新生成的氧负离子（烷氧基负离子）是更强的亲电试剂，可以继续与另一个环氧基反应：

$$R_3N^+—CH_2—\underset{O^-}{\underset{|}{CH}}\sim + \underset{\diagdown O \diagup}{CH_2—CH}\sim \longrightarrow R_3N^+—CH_2—\underset{\underset{\underset{CH_2—\underset{O^-}{\underset{|}{CH}}\sim}{|}}{O}}{\underset{|}{CH}}\sim$$

如此不断反应最终形成体型结构的产物。上述叔胺与环氧基的反应是环氧树脂催化固化的典型反应。

此外在一定的条件下，环氧基还可与羧基、酚羟基、无机酸、巯基等发生开环反应。它们的共同特点是：这些基团中的活泼氢与环氧基上的氧原子结合生成新的羟基化合物。

（2）环氧树脂中羟基的反应。

环氧树脂链上的羟基可以与异氰酸酯进行反应：

$$R—N{=}C{=}O + HO—\text{(环氧树脂)} \longrightarrow R—\overset{H}{\overset{|}{N}}—\overset{O}{\overset{\|}{C}}—O—\text{(环氧树脂)}$$

异氰酸酯类　　环氧树脂

$$\left(\triangleright = \underset{\diagdown O \diagup}{CH_2—CH—}\right)$$

此反应在低温下进行，也是环氧涂料低温固化的基本反应。

另外环氧树脂上的羟基还可与其他树脂中的羟甲基、烷氧基或硅醇等进行缩合反应：

$$\text{(环氧树脂)}—OH + HO—H_2C—C_6H_3(OH)\sim \longrightarrow \text{(环氧树脂)}—O—H_2C—C_6H_3(OH)\sim + H_2O$$

酚醛树脂

$$\text{(环氧树脂)}—OH + R—O—H_2C—HN—\overset{O}{\overset{\|}{C}}—NH\sim \longrightarrow \text{(环氧树脂)}—O—H_2C—HN—\overset{O}{\overset{\|}{C}}NH\sim + ROH$$

氨基树脂

$$\text{(环氧树脂)}—OH + HO—\underset{CH_3}{\underset{|}{\overset{CH_3}{\overset{|}{Si}}}}—O\sim \longrightarrow \text{(环氧树脂)}—O—\underset{CH_3}{\underset{|}{\overset{CH_3}{\overset{|}{Si}}}}—O\sim + H_2O$$

硅树脂

这些反应是环氧树脂与其他树脂如酚醛树脂、氨基树脂和有机硅树脂进行改性或固化的基本反应，其特点是一般需要在加热条件下进行，并伴有小分子的析出。

3）固化过程的特点

环氧树脂或涂料的固化过程表现为有阶段性，通常可分为三个阶段。

（1）胶凝涂料中的树脂成膜物质由支链型结构转变为体型结构的开始阶段称为凝胶化（gelation），即固化的开始。此时系统的黏度急剧上升，并出现有弹性的凝胶，它意味着树脂或涂料失去了原有的流动性，同时体系有一定热量放出。从涂料配好到成膜物出现胶凝这段时间在工程应用上称为适用期，根据不同的需要和条件，控制一定的适用期，是环氧涂料施工工艺中的主要问题。

（2）部分固化涂层胶凝后，固化反应继续进行，可反应的官能团进一步反应，此时涂料具有一定的硬度并有一定的物理化学性能，一般在涂层胶凝后 1～2 天内可达到部分固化。

（3）完全固化即达到较高的固化度（固化度指已反应的官能团与全部可反应官能团的百分比），涂层具有良好的物理化学性能，可投入使用。通常在常温下环氧涂层要经过一周或数周时间才能达到较完全的固化。

伯胺活性高于仲胺，脂肪胺活性高于芳香族胺，伯胺上有两个活泼氢，所以作为官能团，若以二乙烯三胺（$H_2N—CH_2CH_2—NH—CH_2CH_2—NH_2$）为固化剂，则官能度为 5。固化剂的用量必须严格控制，一般按照等当量计算，固化剂过量 10%～20%，这样固化的环氧树脂体系综合性能比较理想。

4）环氧树脂的固化剂种类

环氧树脂的固化剂主要有：脂肪胺、芳香族胺、胺类加成物、酰胺类、酸酐类等，在涂料中应用较广的有脂肪胺、改性胺类及聚酰胺类。

（1）脂肪胺。使用较多的脂肪胺有乙二胺、己二胺、二乙烯三胺、三乙烯四胺等。这类物质适用于低分子量和中等分子量环氧树脂的固化剂，作自干漆用。其优点是来源较易，使用方便，室温固化。配制的涂料耐磨性、耐蚀性好。缺点是固化过程放热量大，配制比例不易掌握，配制的涂料使用期短、涂层脆性大、有毒，对人体皮肤有腐蚀、刺激作用。多乙烯多胺的性能虽比乙二胺、己二胺好，但来源有困难，故用得较少。

（2）芳香族胺。芳香族胺主要包括间苯二胺、二氨基二苯甲烷等，主要用于塑料，其优点是固化后产物具有良好的热变形温度和机械强度，涂料应用较少。

（3）胺类加成物。这类固化剂常用的是烷基化脂肪胺。它是由脂肪胺类与低分子量

环氧树脂（如环氧丁基醚）的加成物溶于有机溶剂中的溶液得到的。如 593 改性胺固化剂，其反应为

$$NH_2—CH_2—CH_2—NH—CH_2—CH_2—NH_2 + \underset{\diagdown O \diagup}{CH_2—CH}—CH_2—O—C_4H_9$$

$$\longrightarrow NH_2—C_2H_4—NH—C_2H_4—NH—CH_2—\underset{\underset{OH}{|}}{CH}—CH_2—O—C_4H_9$$

这类产品的优点是毒性小，在室温下为稳定的液体。固化时放热低，在室温下固化，也可在高温下固化，使用期较长，固化的涂层性能比己二胺固化的要好。

（4）酰胺类。目前使用的是由二聚植物油脂肪酸与多乙烯多胺类缩聚而成的化合物，内含有活性氨基的脂肪烃碳链，与环氧树脂混合后起着固化、增韧和催化作用。广泛用于黏合、层压、涂料方面。这类固化剂优点是固化反应中放热量小，使用期较长，毒性小，给施工带来方便，与环氧树脂的配比可在 30%～100%（质量分数）范围内调整，故可以适应涂层的性能要求，选择不同的配比；具有良好润湿性能。因此，固化后的涂层有良好的附着力、柔韧性、耐磨性，并有良好的耐水、耐碱、耐溶剂性能；在施工时对潮湿敏感性小，可在潮湿环境下施工，为喷涂施工创造了有利条件；使用方便，冷固化或热固化均可。它与环氧树脂混溶性好，固化后涂层不产生针孔、结皮等疵病。

该涂料的涂层耐候性好，户外涂层不易失光、粉化；涂装性能好，涂层不易产生橘皮、泛白等病态；涂层对金属和非金属有很强的黏合力；漆的使用期限较长，可维持两年不胶凝；有良好的附着力和耐水性，故适用于钢铁和轻金属的保护涂层。其在航空和船舶方面应用广泛。

涂料的配制：聚酰胺与环氧树脂的配比，主要是通过试验确定。根据涂层所要求的性能，聚酚胺用量一般为环氧树脂的 30～100 倍（胺值为 200）。

5）固化后环氧树脂涂料的性能特点

环氧树脂为线型低聚物。国内主要的双酚 A 型环氧树脂有 E51、E44、E42、E20、E12 和 E06（数字表示 100 g 环氧树脂中环氧值的百分数，如 E51 表示环氧值为 51%的环氧树脂），它们能溶于许多有机溶剂。E51、E44 和 E42 常温下为黏稠液体，受热黏度降低，而 E20、E12 和 E06 常温下为固体，加热可软化甚至熔融。由于环氧树脂结构中含有众多的强极性基团，所以固化后环氧树脂具有优异的黏结力和黏附力，并且具有优良的机械性能、电绝缘性能和良好的耐化学品性能，同时易于成型加工和进行改性。具体的性能如下。

（1）附着力突出。环氧树脂分子结构中所含有的醚键（—O—）和羟基（—OH）包括环氧树脂固化剂固化后所生成的醚键和羟基都是强极性基团，这些基团可以使环氧树脂分子与基材表面，特别是与金属的表面之间产生很强的附着力。优良的附着力是一种好涂料的最基本的要求。某些热固性树脂本身与基材表面也有良好的黏合力，但是这些树脂在固化时却有着较大的收缩率，因此固化后的涂层具有较大的内应力，从而减弱了原有的附着力。环氧树脂却没有这个缺点，其附着力几乎不受固化收缩的影响，这主要是由树脂的结构特点决定的：环氧树脂在固化过程中，分子之间的结合键基本无变化，固化收缩率小于2%。其固化的化学反应是逐步开环的加成反应，反应过程中无小分子副产物生成。固化前的环氧树脂本身的密度较大，与固化后树脂的密度差别较小。

（2）耐介质性良好。在环氧涂料固化成膜后，分子中含有稳定的苯环和醚键，分子结构又较为紧密，因此对化学介质的稳定性较好，如耐中等浓度的酸、碱和盐等介质，基本上能长期满足大多数环境的需要。但是树脂分子中的苯环和醚键易受日光照射等的影响而被破坏，因此环氧涂层的耐候性较差，不适用于外用涂料。

（3）电绝缘性能优良。固化后环氧树脂的电性能极佳，可以浇铸各种电器零件，如电容器等。

（4）韧性好。环氧树脂结构严密，因此机械性能优异。固化后环氧树脂的韧性约比同样固化的酚醛树脂大7倍。其相对韧性好，是各交联点之间的距离和很多脂肪键的存在引起的，距离越远韧性越好。

6）环氧树脂的用途

环氧树脂固化物主要用作黏合剂（俗称万能胶）、涂料树脂、密封胶、电子电器灌封材料、发泡材料、电绝缘材料、玻璃钢构件及玻璃钢船只、功能复合材料等。

7）环氧涂料实例

（1）环氧煤焦沥青涂料。环氧煤焦沥青涂料兼顾环氧和煤焦沥青两者的优点，具有以下几个特点：突出的耐水性，良好的耐酸、耐碱和耐油性，优良的附着力和韧性，同时可配成厚浆型和高固体分涂料，物美价廉。

为获得较好的涂膜性能，环氧树脂和煤焦沥青比例在6∶4～4∶6，一般比例为1∶1。环氧煤焦沥青涂料中的环氧树脂以液体环氧树脂为主，也可以液体和固体环氧树脂混用，固化剂可选用聚酰胺树脂与促进剂相复合以增强固化的活性。但考虑到环氧煤焦沥青涂料多用于地下潮湿阴暗环境，最好用曼尼希碱类的胺加成物，如T31和己二胺-苯酚和甲醛加成物固化剂；颜料、填料可采用滑石粉、氧化铁红及云母氧化铁等。

具体配方如下：

A组分：		B组分：	
煤焦沥青质量/g	270	环氧树脂（当量190）质量/g	194
聚酰胺树脂（胺值335～360）质量/g	90	非挥发性含量体系占比/%	77.4
填料质量/g	240	聚氯乙烯占比/%	13.0
二甲苯质量/g	155		
乙醇质量/g	8.8		
触变剂质量/g	11.0		
DMP-30①质量/g	10		

此类涂料应用范围较广，如各种管道防腐蚀底漆、桥梁防腐蚀底漆、船舶防腐蚀底漆等。

（2）环氧富锌底漆。环氧富锌底漆是以锌粉为填料，固体环氧树脂为基料，以聚酰胺树脂或胺加成物为固化剂，加以适当混合溶剂配制而成的高固体分环氧底漆，其中锌粉在涂料中的含量要超过85%，可形成连续紧密的涂层而紧密地与金属接触。由于在涂膜受侵蚀时锌的电位比钢铁的电位低，所以涂膜中的锌为阳极，先受到腐蚀，基材钢铁为阴极，受到保护。而锌作为牺牲阳极形成的氧化产物又对涂膜起到一种封闭作用，更加强了涂膜对基体的保护。

环氧富锌底漆不但防腐蚀性能优良，而且附着力强，并与外层涂层，如环氧云铁中间漆和其他高性能面漆有着良好的黏结性。此外，由于涂膜中锌粉含量极高，底漆在此后的焊接工艺中不会破坏和脱落，这使得环氧富锌底漆可用于一般钢板上做车间预涂底漆，20 μm的环氧富锌底漆涂膜，其防锈性能可超过6个月。

6. 聚氨酯树脂

聚氨酯是聚氨基甲酸酯的简称，在分子结构中含有一定数量氨基甲酸酯键的高分子化合物称为聚氨酯树脂。它是由异氰酸酯和含羟基聚合物反应而制得的。通常通过二异氰酸酯与二元或多元醇反应得到。按二元或多元醇的种类不同，可分为聚醚氨酯和聚酯氨酯两大类，按用途可分为聚氨酯泡沫、聚氨酯纤维（氨纶）、聚氨酯弹性体、聚氨酯涂料和聚氨酯黏合剂。以聚氨酯树脂为主要成膜物质的涂料称为聚氨酯涂料。在其涂层中除含有一定数量氨基甲酸酯键外，还含有其他酯键、醚键、不饱和油脂双键、缩二脲和羟基甲酸酯键等。因此聚氨酯涂料具有多种优异性能。

① DMP-30表示2, 4, 6-三（二甲胺基甲基）苯酚。

软质聚氨酯泡沫塑料具有质地柔软、容重低、弹性大、吸声、隔热（热导率极低）、耐寒、耐油等特点；硬质聚氨酯泡沫塑料具有比刚性大、容重低、吸声、隔热（热导率极低）、耐寒、耐油、使用温度高等特点；聚氨酯纤维具有高弹性、耐磨、舒适等特点；聚氨酯弹性体具有优异的耐磨性和耐油性、良好的硬度和弹性等特点；聚氨酯涂料具有优良的柔性、抗冲击性、耐磨性、耐溶剂性、耐候性和黏附力。

1）聚氨酯涂料的主要特性

（1）具有良好的物理机械性能，涂层坚硬、柔韧、光亮、丰满、耐磨、附着力强。防腐蚀性能好，涂层耐油、耐酸、耐碱、耐工业废气。

（2）具有良好的电性能，宜作漆包线漆，并能在熔融的焊锡处上漆，特别宜作电信器材用漆。

（3）能与多种树脂并用，配成多种类型的聚氨酯涂料。如聚酯、聚醚、环氧树脂、含羟基丙烯酸树脂、有机硅树脂、纤维素及其衍生物、醇酸树脂、含羟基的氯醋共聚物、沥青和酚醛树脂等。

其不足之处是聚氨酯涂料涂装要求高、价格较高。此类涂料在木器、地板、飞机、汽车、机械、电器、仪表、塑料、皮革、纸张、纺织品、石油化工、铁道车辆等多方面有着越来越广的应用。

2）聚氨酯的制备方法

聚氨酯的制备方法有一步法和两步法。一步法是将计量的二异氰酸酯、聚醚或聚酯二元醇、扩链剂或交联剂、催化剂以及其他助剂混合均匀，浇铸成型。两步法是通过二异氰酸酯与聚醚或聚酯二元醇反应制备端异氰酸酯基的聚氨酯预聚物，然后预聚物扩链或交联形成线型或体型聚氨酯。聚氨酯泡沫一般采用一步法生产，其他用途的聚氨酯一般采用两步法生产。例如用3, 3′-二氯-4, 4′-二苯基甲烷二胺（MOCA）扩链的浇铸聚氨酯弹性体的合成反应如下：

$$(1)\quad 2\,\mathrm{OCN{-}R{-}NCO} + \mathrm{HO{-}R'{-}OH} \longrightarrow \mathrm{OCN{-}R{-}NH{-}\overset{\overset{\displaystyle O}{\|}}{C}{-}O{-}R'{-}O{-}\overset{\overset{\displaystyle O}{\|}}{C}{-}NH{-}R{-}NCO}$$

$$(2)\quad n\,\mathrm{OCN{-}R{-}NH{-}\overset{\overset{\displaystyle O}{\|}}{C}{-}O{-}R'{-}O{-}\overset{\overset{\displaystyle O}{\|}}{C}{-}NH{-}R{-}NCO} + n\,\mathrm{H_2N{-}C_6H_3(Cl){-}CH_2{-}C_6H_3(Cl){-}NH_2} \longrightarrow$$

$$\left[\mathrm{\overset{\overset{\displaystyle O}{\|}}{C}{-}NH{-}R{-}NH{-}\overset{\overset{\displaystyle O}{\|}}{C}{-}O{-}R'{-}O{-}\overset{\overset{\displaystyle O}{\|}}{C}{-}NH{-}R{-}NH{-}\overset{\overset{\displaystyle O}{\|}}{C}{-}NH{-}C_6H_3(Cl){-}CH_2{-}C_6H_3(Cl){-}NH}\right]_n$$

R = 芳香氨基；　R′ = 聚酯片段

3）异氰酸酯

异氰酸酯是制备聚氨酯的原料，其结构为 R—N ═ C ═ O，从它的结构看，有两个双键，它的电子云分布情况和 R 基团有关。一般氧原子上的电子云密度最高，呈负电性，N 原子上的电子云密度较氧原子低，但也呈负电性，只有 C 原子呈正电性，因此容易遭受亲核试剂进攻。由于反应点多，活性强，异氰酸酯的反应很复杂，典型的反应如下。

（1）与醇反应生成氨基甲酸酯：

$$\mathrm{R{-}N{=}C{=}O + R'OH \longrightarrow R{-}NH{-}\overset{\overset{\displaystyle O}{\|}}{C}{-}OR'}$$

（2）与胺反应生成取代脲：

$$\mathrm{R{-}N{=}C{=}O + R'NH_2 \longrightarrow R{-}NH{-}\overset{\overset{\displaystyle O}{\|}}{C}{-}NHR'}$$

（3）与水反应，先生成胺，进一步与异氰酸酯反应，生成取代脲：

$$\mathrm{R{-}N{=}C{=}O + H_2O \longrightarrow R{-}NH{-}\overset{\overset{\displaystyle O}{\|}}{C}{-}OH \longrightarrow RNH_2 + CO_2}$$

（4）与羧酸反应生成酰胺：

$$\mathrm{R{-}N{=}C{=}O + R'COOH \longrightarrow R{-}NH{-}\overset{\overset{\displaystyle O}{\|}}{C}{-}O{-}\overset{\overset{\displaystyle O}{\|}}{C}{-}R' \longrightarrow RNH{-}\overset{\overset{\displaystyle O}{\|}}{C}{-}R' + CO_2}$$

（5）与脲反应生成缩二脲：

$$\mathrm{R{-}N{=}C{=}O + R'NHCONHR'' \longrightarrow R{-}NH{-}\overset{\overset{\displaystyle O}{\|}}{C}{-}\overset{\overset{\displaystyle R'}{|}}{N}{-}\overset{\overset{\displaystyle O}{\|}}{C}{-}NHR''}$$

（6）与氨基甲酸酯反应生成脲基甲酸酯：

$$\mathrm{R{-}N{=}C{=}O + R'NHCOOR'' \longrightarrow R{-}NH{-}\overset{\overset{\displaystyle O}{\|}}{C}{-}\overset{\overset{\displaystyle R'}{|}}{N}{-}\overset{\overset{\displaystyle O}{\|}}{C}{-}OR''}$$

（7）与肟反应：

$$\mathrm{R{-}N{=}C{=}O + {}^{R'}_{R''}{>}C{=}NOH \longrightarrow R{-}NH{-}\overset{\overset{\displaystyle O}{\|}}{C}{-}O{-}N{=}C{<}^{R'}_{R''}}$$

（8）与苯酚（或烯醇）反应：

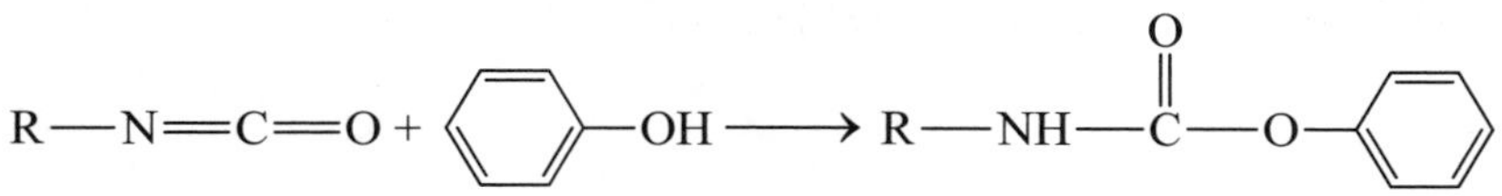

$$R-N=C=O + C_6H_5-OH \longrightarrow R-NH-\overset{\overset{\displaystyle O}{\|}}{C}-O-C_6H_5$$

（9）自聚反应：

$$2R-N=C=O \longrightarrow R-N\overset{C(=O)}{\underset{C(=O)}{\diamond}}N-R$$

$$3R-N=C=O \longrightarrow \text{(RNCO)}_3 \text{（异氰脲酸酯环）}$$

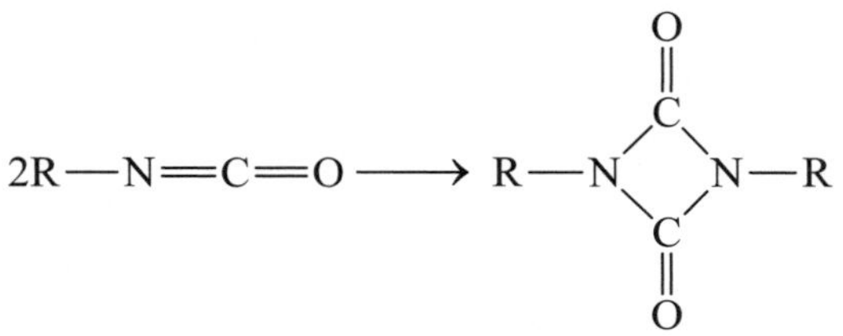

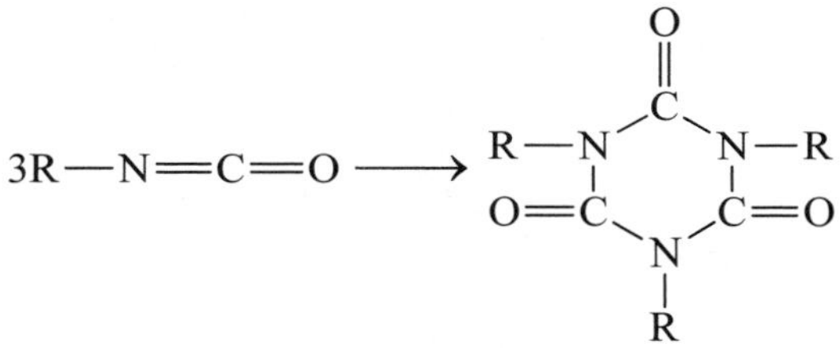

反应的快慢主要由反应物与异氰酸酯的结构决定。

常用的异氰酸酯主要有下列几个品种。

（1）甲苯二异氰酸酯（TDI）。2, 4-甲苯二异氰酸酯和 2, 6-甲苯二异氰酸酯的化合物，邻对位异氰酸酯反应活性相差很大，为此可以制备含有异氰酸酯基团的加成物，在高温下（100℃），反应性趋于一致。TDI 毒性较高，但价格便宜，用量最大。

（2）二苯基甲烷二异氰酸酯（MDI）。和 TDI 相似，属芳香族二异氰酸酯，用途也广。

（3）己二异氰酸酯（HDI）。为脂肪族异氰酸酯，毒性与 TDI 相似。结构式为

$$OCN-(CH_2)_6-NCO$$

（4）异佛尔酮二异氰酸酯（IPDI）。是一种性能优异的脂肪族二异氰酸酯，它的两个异氰酸酯基团的反应活性不同，用胺作催化剂时一级异氰酸酯基比较活泼，而有机锡为催化剂时二级异氰酸酯活泼。

一般芳香族二异氰酸酯比脂肪族活性高许多，反应要快得多，但所得涂层易泛黄，原因在于有自由氨基存在，其由异氰酸酯与水反应而成。

上述异氰酸酯反应活性太高，有的毒性较高，使用不方便，为此进行了一些改进，途径有三个：与多元醇反应制成加成物；与水反应制成缩二脲；制成三聚体。随着分子量增加，蒸气压降低，挥发性降低，从而降低毒性。

如加成物中最常见的三羟甲基丙烷与TDI的反应产物，利用TDI中两个—NCO基在反应温度较低时反应性不同的特点，得到含自由异氰酸酯的产物：

$$CH_3CH_2-C(CH_2OH)_3 + 3\ CH_3C_6H_3(NCO)_2 \longrightarrow CH_3CH_2-C[CH_2OCONH-C_6H_3(CH_3)(NCO)]_3$$

缩二脲是由3 mol/L二异氰酸酯与1 mol/L水反应得到的，如HDI-缩二脲：

$$NCO-(CH_2)_n-N\begin{cases} C(=O)-NH-(CH_2)_n-NCO \\ C(=O)-NH-(CH_2)_n-NCO \end{cases}$$

4）聚氨酯的用途

聚氨酯泡沫主要用于家具、室内装饰品、汽车和飞机内装饰、门窗框架、包装、玩具、运动器具、冷藏设备、绝热保温用品、防震缓冲部件、吸声材料、日用品等；聚氨酯纤维主要用于轻便衣服、内衣、游泳衣、松紧带、腰带、袜口、绷带、飞行服和航天服的紧身部位等；聚氨酯涂料主要用于耐磨和抗冲击需求的部位，如健身房和舞厅地板涂层、户外涂料、防水涂料、船舶防腐涂料、织物涂料、汽车用涂料等；聚氨酯弹性体主要用作轮胎胎面、鞋底、胶带、吸奶器内套、小型轮子、耐磨零部件、分离膜、减振橡胶、第二代水声吸声材料等。

7. 玻璃鳞片

玻璃鳞片涂料是以耐蚀树脂为主要成膜物质，以薄片状的玻璃鳞片为骨料，再加上各种添加剂组成的厚浆型涂料。

玻璃鳞片的厚度一般为2～5 μm，片径长度为100～300 μm，由于涂层中的玻璃鳞片上下交错排列，形成了独特的屏蔽结构，这种结构可以代替橡胶、塑料和玻璃钢衬里，或与玻璃钢衬里相结合，构成玻璃鳞片树脂涂料衬里，其具有下列突出的性能：①极优良的抗介质的渗透性；②优良的耐磨损性；③硬化时收缩率小，热膨胀系数小；④衬里与基体的黏结性好，耐温度骤变性好；⑤良好的施工工艺性，可采用喷、滚、刷和抹等工艺，不但施工方便，而且修补容易。

玻璃鳞片是由美国的 Owens Corning 玻璃纤维公司于 1953～1955 年首先成功开发并制造出来的，接着该公司将它们和环氧树脂等混合制成涂料，最初应用于混凝土基材和钢管内衬，并于 1957 年发表了玻璃鳞片涂料制造的第一个专利，此后开始了更广泛、深入的试验应用。经过十余年在各国的成功应用，特别是在排烟脱硫装置内衬、海洋工程设备防腐蚀以及化工耐蚀储槽衬里的成功应用，在 1971 年，经过美国多个科学协会联合召开专题研讨会，确定了玻璃鳞片涂料作为一种最有效的重防腐蚀涂料的地位。随着大量国外先进技术的引进，我国从 20 世纪 80 年代起开始了这方面的研究，30 多年来也逐步形成了自己的特色，出现了一些有竞争力的产品。

1）玻璃鳞片的制造

玻璃鳞片制造工艺大致为：将加热熔融的玻璃吹胀至 2～5 μm 厚度的球体，然后将此玻璃球破碎后进行研磨和过筛分级，并进行表面处理后包装待用。玻璃鳞片的性能直接受玻璃原料成分、鳞片厚度、鳞片是否处理及鳞片大小等因素影响。

成分：玻璃是以 SiO_2 为主的氧化物混合体，因原料、生产工艺等不同，组分有差别，常用的有 C 玻璃和 E 玻璃两种，其中 C 玻璃为中碱玻璃，由于耐酸性好而称为化学玻璃（chemical glass），而 E 玻璃（electric glass）为无碱原料的玻璃，因良好的电绝缘性而得名。研究表明，C 玻璃具有更好的耐化学性，制造玻璃鳞片的玻璃原料必须为 C 玻璃，这样才能保证性能的稳定。

厚度：玻璃鳞片的厚度必须达到 2～5 μm，才能保证在涂层中有数十层的玻璃鳞片排列，形成涂层内介质复杂曲折的渗透扩散路径，从而有效延长介质渗透至基体的时间。因此玻璃鳞片的厚度是玻璃鳞片最主要的性能指标，它直接为玻璃鳞片制造过程中加热的方式及吹胀玻璃的技术水平所制约，这是玻璃鳞片制造技术的关键。

表面处理：玻璃鳞片用硅烷偶联剂进行处理，可明显地增加玻璃鳞片与树脂之间的黏合力，相应地也有效地增加了涂层的抗渗性，降低了涂层的吸水性，有利于提高防腐蚀性能。有资料报道，玻璃鳞片经磷酸或表面活性剂等物质处理后可减少玻璃鳞片间的相互重叠，增加玻璃鳞片在树脂中的漂浮性，从而有利于玻璃鳞片与基体之间的平行排列，提高涂层的抗渗透性。

2）玻璃鳞片涂料的性能

涂料作为防腐蚀的重要措施，其主要功能就是使介质与基体隔绝。但涂层通常均存在孔隙，一种是结构孔隙，其大小与涂料成膜物质的分子结构有关，一般在 10^{-5}～10^{-7} cm；另一种是涂装过程中由于溶剂等挥发形成的针孔，这种孔隙较大，为 10^{-2}～10^{-4} cm。而介质如水、酸和碱等小分子的直径一般均比涂层的结构孔隙要小，再加上这些与涂层接触的介质都是直线地通过涂膜，而涂层又不可能涂得很厚（否则要产生裂纹），因此就一般防腐蚀涂料而言，即使该涂料可以较好地耐其所接触的介质腐蚀，但它抵挡不住这些介质向基体的扩散渗透，这也就是为什么普通的防腐蚀涂料一般只能在大气中防腐蚀而不能起衬里的作用，尤其在液相介质和温度较高的场合。

玻璃鳞片的加入使涂料发生了两方面的变化：一是可以做成厚膜层，而不必担心发生裂纹，因为玻璃鳞片把涂层分割成许多小的空间而大大地降低了涂层的收缩应力和膨胀系数；二是突出的防腐性能，因为玻璃鳞片的多层平行地与基体排列，使介质扩散渗透的路线变得弯弯曲曲，延长了介质渗透扩散至基体的时间。此外，玻璃鳞片的良好耐磨性、耐温性和机械性能，也给涂料增添了新的功能，因此当一系列具有优良性能的耐蚀树脂与玻璃鳞片相结合时就产生了一系列优良的综合性能。

玻璃鳞片涂料一般使用热固性树脂，如乙烯基树脂（P）、不饱和聚酯（UP）树脂、环氧树脂（EP）和聚氨酯（PU）树脂等，其中综合性能优异的乙烯基树脂最常见。另外由于固化后的玻璃鳞片涂料具有优异的抗渗透性，相应地要求涂料中尽量少含溶剂，否则在固化过程中可能挥发不完全，容易产生缺陷。

玻璃鳞片涂料在许多领域中有应用，如海洋工程中，潮水区的海上建筑总是处于干湿交替的环境，腐蚀非常严重，海水中盐雾的侵蚀也比较严酷，因此各种海洋工程设备、海上石油钻井平台等的内、外壁均大量使用玻璃鳞片涂料；化工装置中也往往使用，如各种储存罐、腐蚀性介质等。随着工程上对高性能涂料的要求提高，玻璃鳞片涂料的应用会越来越广。

8. 元素有机涂料

元素有机涂料是指以有机硅、有机氟、有机钛、有机锆为主要成膜物质的一类涂料。其中以有机硅、有机氟涂料应用较为成熟[4]。

元素有机高分子化合物的化学结构主链上除碳、氮、氧、硫原子以外还含有其他元素的原子，是介于有机高分子和无机化合物之间的一种化合物。元素有机高分子聚合物在涂料工业中得到了应用，如有机硅高聚物、有机氟高聚物和有机钛高聚物等。它们可以通过元素有机化合物聚合或缩聚制成，也可以通过元素有机化合物与普通有机化合物共聚或缩聚制得。

元素有机涂料具有特殊的热稳定性、化学惰性、耐高温、绝缘、抗多种化学药品的腐蚀、耐水、耐寒等特点。随着宇宙开发及电气工业、原子能工业、国防工业的发展，元素有机涂料也得到了迅速的发展。

1）*有机硅树脂涂料*

有机硅树脂（或称硅酮树脂）是以 Si—O 无机键为主链的有机硅氧烷聚合物，在 Si 原子上接有烷基（主要为甲基）或芳基（主要为苯基），一般也称为聚硅氧烷。线型聚硅氧烷可以表示如下：

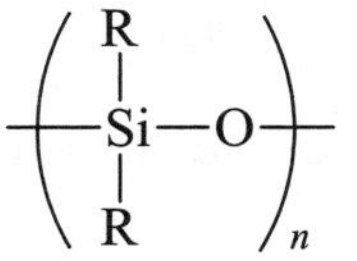

$$\left(\begin{array}{c} R \\ | \\ -Si-O- \\ | \\ R \end{array} \right)_n \quad R = CH_3, C_6H_5\text{等}$$

根据硅氧烷分子量的不同，有机硅可分为硅油、硅树脂和硅橡胶三大类：硅油在涂料中主要作为添加剂；硅橡胶是分子量在 40 万～80 万的高分子线型物质，通过氧化物和有机锡在室温交联（硫化）呈网状分子，具有极其重要的作用；硅树脂分子量一般为 700～5 000，具有分支结构和多羟基的聚硅氧烷，可以进一步固化成立体网状结构，是涂料的重要成膜物质。

聚有机硅氧烷的制备：聚有机硅氧烷是由氯硅烷为原料缩聚制备，缩聚常用的氯硅烷主要有 Me_3SiCl（三甲基氯硅烷）、$PhSi(Me)Cl_2$（苯基甲基二氯硅烷）、$PhSiCl_3$（苯基三氯硅烷）等。

其中二氯硅烷为二官能基单体，是主体单体；一氯硅烷是链终止剂；三氯硅烷是三官能基团体，可引入分支和官能基。通过调节三类单体的比例可得到不同的分子量和结构的聚合物，通过调节不同基团的单体可得到不同苯基/甲基含量的聚合物。

氯硅烷和水反应形成烃基硅烷，然后烃基硅烷缩合成聚硅氧烷。二氯硅烷，如二甲基二氯硅烷，水解可制得线型聚硅氧烷或环状低聚体，环状低聚物如四环体（八甲基四硅氧烷）容易分离出来并可分馏纯化：

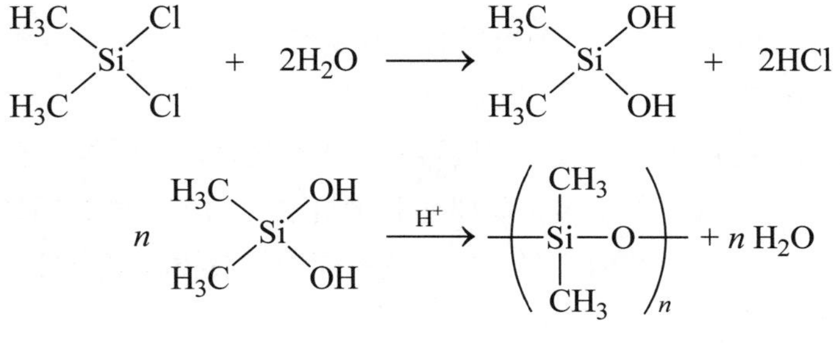

$$(H_3C)_2SiCl_2 + 2H_2O \longrightarrow (H_3C)_2Si(OH)_2 + 2HCl$$

$$n\,(H_3C)_2Si(OH)_2 \xrightarrow{H^+} \left(\begin{array}{c} CH_3 \\ | \\ -Si-O- \\ | \\ CH_3 \end{array} \right)_n + n\,H_2O$$

$$4\,(H_3C)_2Si(OH)_2 \xrightarrow{H^+} [(H_3C)_2SiO]_4 + 4H_2O$$

但是这种反应是可逆的，在高潮湿的条件下，交联结构可部分分解。

上述缩聚反应一般在水-有机溶剂的混合溶剂中进行，酸和碱都可以作为反应的催化剂。制备有机硅树脂通常用酸作催化剂。碱性催化剂有利于得到线型聚合物而不生成环状物。有机硅树脂溶液在无水和无催化剂条件下是稳定的，在高温下发生交联反应，但要加催化剂，如辛酸锌。

有机硅树脂涂料是一种价格较高的耐热性、耐候性突出的绝缘涂料，其主要具有以下性能。

（1）耐热性强。耐热性强是有机硅树脂涂料最大的特点。纯有机硅树脂清漆可耐200～250℃的高温；纯有机硅树脂与片状铝粉配制的涂料可以耐500℃的高温；硅改性树脂与耐温颜料配合制得的涂料可以耐200～300℃的高温。

（2）耐候性优异。纯有机硅树脂在–50℃仍有较好的柔韧性和冲击强度，采用聚酯改性后可在低温–80℃下使用。

（3）绝缘性突出。在高温和潮湿条件下具有较好的电绝缘性，可达 H 级，击穿电压达 60～100 kV/mm。

（4）耐化学腐蚀性强。在 100℃，3%碱液浸泡 100 h 或者 5%盐水浸泡 70 h 条件下涂层无变化。但耐稀盐酸、稀硫酸腐蚀性能不佳，以及耐油性不强，可作润滑油，遇汽油会变软。

（5）防霉性高。有机硅树脂涂料不含油的成分，霉菌无法在涂层上生存，防霉性能较好。

（6）固化温度高。需要保温烘烤。

（7）具有非常低的表面张力，有极好的防水性能。

（8）耐有机溶剂差。

有机硅树脂涂料可用于电动机、变压器的绝缘涂装，玻璃纤维、石棉编制品表面的涂装，也可用于需耐温部位的涂装，如船舶和飞机的发动机壳体、锅炉、船舶的烟囱，飞机、汽车的排气管等。涂装的涂层不宜过量喷涂，一般控制使用量为 140～150 g/m^2，刷涂为 120～130 g/m^2，一般涂二道。

有机硅树脂涂料按涂料用途，可分为有机硅耐热涂料、有机硅绝缘涂料、有机硅耐候涂料、有机硅弹性涂料、有机硅防水涂料等。

主要类型的有机硅树脂涂料的特点如下：

（1）有机硅耐热涂料有良好的耐热性能。耐热涂料是指长期经受 200℃以上温度的涂料。有机硅耐热涂料耐热性能好，在 300℃左右开始分解，广泛应用于耐热涂料中。

（2）有机硅绝缘涂料是一类非常重要的绝缘涂料，属 H 级绝缘材料，耐热等级为 180℃。它具有优异的热氧化稳定性和绝缘性能、耐水防潮性能，使用范围宽。值得一提的是在高温下破坏时，一般不会燃烧、不会形成焦炭而导电，残余物为 SiO_2。

（3）有机硅耐候涂料一般采用醇酸、聚酯、丙烯酸树脂改性有机硅树脂，是一类用量最多的耐候性涂料，这类涂料在户外能经受各种各样的大自然变化。醇酸改性有机硅树脂耐候涂料寿命可达 8～10 年，价格便宜，常温固化，应用广泛，可用于户外设施及装备的涂装；聚酯、丙烯酸树脂改性有机硅树脂耐候涂料的固化剂为三聚氰胺树脂，用于建筑、房屋的防水。

2）有机氟树脂涂料

有机氟树脂和聚烯烃相同，都是以 C—C 键为主链的聚合物，不同的是氟原子代替了聚烯烃上的氢原子，H—F 键的键能（565 kJ/mol）比 C—H 键（410 kJ/mol）、C—O 键（356 kJ/mol）和 C—Cl 键（326 kJ/mol）的键能高得多，因此含氟聚合物具有优良的耐热性、耐化学药品性和耐候性。

如果含氟聚合物是全氟的（全氟聚合物），即所有 C—C 链都是用氟原子饱和的，如聚四氟乙烯，则还有另外一些特点。氟的原子半径（1.35 Å）比氢原子半径（1.1～1.2 Å）大得多，因此未成键的原子间作用力（排斥力）大，于是 C—C 主链形成一种螺旋结构，这与聚烯烃的平面反式构型不同；在碳链上的氟原子可相互紧密接触，把 C—C 链完全覆盖起来，成为一个完整的圆柱体。这种结构也对有机氟树脂的优良性质有重要贡献。由于这种特殊结构，整个分子十分僵硬，分子转动势垒很大，所以其有很高的熔点和玻璃化温度，在全氟的有机氟树脂中的 C—F 键虽然是极性的，但由于分子是对称的，极性可互相抵消，整个分子呈非极性，有非常低的表面能，它的表面张力比油还低，具有既憎水也憎油的特征，并且有非常优异的电学性能。该类树脂另一个重要特点是其摩擦系数非常低，因此在外力作用下易于滑动。这种结构上的特点也决定了全氟聚合物易发生蠕动，尽管有很高的抗张力强度，但易变形，刚性和硬度较差。全氟聚合物在加工方面，特别是用于涂料成膜物受很大限制。为了克服这一困难，往往采用共聚合的办法制备非全氟聚合物，但这样在性能上有所损失。

有机氟聚合物品种较多，如聚四氟乙烯、聚三氟氯乙烯等。其共同特性如下。

（1）有较高的热稳定性。一般可在 100～250℃下长期使用，其中聚四氟乙烯可以长期在 250℃下使用，性能无变化。耐低温性能优良。在–80～195℃下使用还能保持一定的柔韧性。

（2）由于 F 原子对 C—C 链骨架的屏蔽保护作用，有机氟聚合物有优良的化学稳定性，可以耐酸、耐碱、耐有机溶剂、耐高温介质腐蚀，甚至耐液氧氧化。

（3）大多数不燃烧。个别品种一旦燃烧，也可自熄。

（4）有极低的吸水性。如聚四氟乙烯吸水率为零。

（5）在较宽的温度下，有较好的介电性能，为极好的高频绝缘材料。

（6）耐候性非常好，有的涂层耐候可达 25 年。

（7）由于有机氟聚合物表面能极低，所以附着力很小，摩擦系数很小，如聚四氟乙烯的摩擦系数仅有 0.1。

有机氟聚合物涂料可以制成悬浮液型和溶液型。涂装时，粉状树脂可以采用等离子喷涂涂装。若用悬浮液型涂料喷涂，需进行烧结和淬火处理。溶液型涂料需要多次喷涂成膜。有机氟涂料中最有代表性的是聚四氟乙烯。

聚四氟乙烯一般是由四氟乙烯通过悬浮聚合的方法制备的，聚合所得四氟乙烯粉末经类似粉末冶金的方法成型，尽管聚四氟乙烯有其他聚合物所不可比拟的突出的优点，如耐热性和室外稳定性，但由于聚四氟乙烯链非常僵硬，加热到 415℃也不会从高弹态转变为黏流态。聚四氟乙烯也不溶于任何溶剂，因此其不仅难以用于溶剂性涂料，也难以用作一般的粉末涂料。它的涂布方法比较特殊，首先在聚四氟乙烯分散液中加浓缩剂（聚氧化乙烯辛烷基酚醚），搅拌，加热至沸点（65～70℃），静置分层，分出下层浓缩液，调节浓缩剂和水量至聚四氟乙烯含量为 60%（浓缩剂为聚四氟乙烯的 6%），然后再将浓缩液配制成涂料，将制得的涂料喷涂到器件上去，在 90℃左右烘干后，于 380℃烧结 15～30 min 后取出急冷淬火，便可得一薄涂层。上述喷涂一般要重复数次，由于要经过烧结，被涂物必须是能耐高温的，所以其适用于化工设备和烹饪用具，家用的不粘锅便可用这种方法涂布。

2.2 颜　　料

颜料是涂料中一个重要组成部分，它们通常是细小的固体粉末，分散于成膜树脂中，主要赋予涂料丰富的色彩，同时又具有遮盖底层，阻挡光线，提高涂层的耐水性、耐候性，增加机械强度、硬度、耐磨性，延长涂层的使用寿命等作用。颜料一般是不溶于水的无机化合物，如金属及非金属元素的氧化物、硫化物及盐类。在涂料中有时也使用某些不溶于水的有机颜料和溶于水及醇类的有机颜料[3]。

2.2.1 颜料的作用与性质

颜料最重要的是起遮盖和赋予涂层以色彩的作用，但它的作用不止于此，还有以下几个方面的作用。

（1）增加强度：如炭黑在橡胶中的作用。颜料的活性表面可以和大分子链相结合，形成交联结构。当其中一条链受到应力时，可通过交联点将应力分散（图 2-1）。颜料与大分子间的作用力一般是次价力，经过化学处理，可以得到加强。颜料粒子的大小和形状对强度很有影响，粒子越细，增强效果越好。

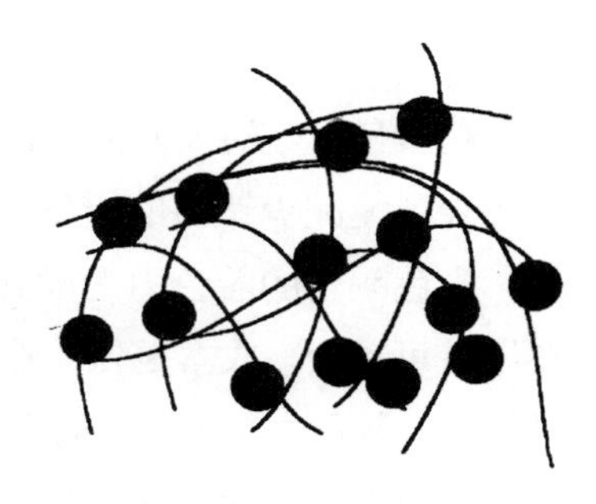

图 2-1 颜料的增强作用

（2）增加附着力：涂料在固化时常伴随有体积的收缩，产生内应力，影响涂料的附着，加入颜料可以减少收缩，改善附着力。

（3）改善流变性能：颜料可以提高涂料黏度，还可赋予涂料以很好的流变性能，例如，通过添加颜料（如气相 SiO_2）赋予触变性质。

（4）改善耐候性：如炭黑既是黑色颜料也是紫外吸收剂，能够提高涂层抗紫外线磷化性能。

（5）特殊功能作用：如防腐蚀作用，可以通过加入红丹（Pb_3O_4）、铝粉、锌粉、玻璃鳞片等成分，赋予涂料优良的防腐性能，显著提高其寿命。

（6）降低光泽：在涂料中加入颜料可破坏涂层表面的光滑度，因而可降低光泽，造成哑光的效果。在清漆中常用极细的二氧化硅或石蜡消光。

（7）降低成本：许多不起遮盖和色彩作用的颜料（如 $CaCO_3$、SiO_2、滑石粉等）价格便宜，加入涂料中不影响涂层性质，但可增加体积，大大降低成本，它们称为体质颜料。

为了选择颜料以起到上述作用，必须了解颜料的下列性质。

（1）遮盖力与着色力：颜料的遮盖力指颜料遮盖住被涂物的表面，使它不能透过涂层而显露的能力。颜料的遮盖力和折光率、结晶类型、粒径大小等有关，在已知的颜料中金红石 TiO_2 的折光指数最大，它和聚合物间有最大的折光率差，因此是最好的白色颜料。

有些体质颜料如二氧化硅、钛白粉等，折光率和聚合物相近，对遮盖没有贡献。若涂料中含有空气，因为空气的折光率最小，它和聚合物与颜料都产生折光率差，所以有很好的遮盖效果。在黑板上用粉笔写字，碳酸钙（粉笔）对黑板有很好的遮盖力，就是因为其中含有空气，但如果将粉笔字弄湿了，就看不出白色了，因为此时水取代了空气，水的折光率和碳酸钙相近。有一种胶囊形颜料，即聚合物的小空心球（图 2-2），便是利用了最便宜的空气作为颜料，若再进一步，在空心球中放入钛白粒子，遮盖效率便更高了，因为光线通过聚合物膜进入空气时有散射，由空气射到钛白粒子时又有散射。炭黑有很好的吸光能力，故也能很好地进行遮盖。利用人眼的弱点，在白色颜料中加少量炭黑能减少钛白的用量。

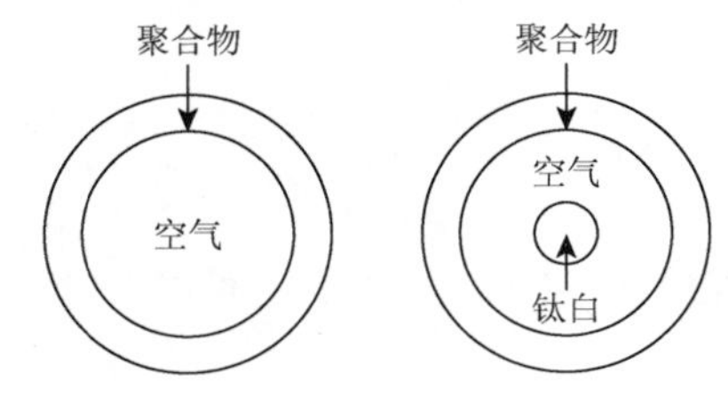

图 2-2　聚合物空心颜料

彩色颜料的着色力是以其本身的色彩来影响整个混合物颜色的能力，着色力越大，颜料用量可越少，成本越低。着色力与颜料本身特性相关，与其粒径大小也有关系，一般粒径越小，着色力越大。一般有机颜料比无机颜料着色力高；颜料的分散情况对着色影响很大，分散不良可引起色调异常。

颜料的着色力与遮盖力无关，较为透明的（＜遮盖力低的）颜料也能有很高的着色力。

（2）耐光牢度：颜料仅仅能给涂料以良好的原始色泽是不够的，涂膜的色泽必须耐久，最好能保持到涂膜本身破坏为止。许多颜料在光的作用下会褪色、发暗或色相变坏。

（3）渗色性：并不是所有颜料在各种溶剂中都是完全不溶解的。有时在红漆底层上涂白漆，白漆成了粉红色，这说明白漆中的溶剂溶解了一部分红底漆中的颜料，这种现象称为渗色，红色有机颜料特别容易渗色。

（4）颗粒大小与形状：颜料的最佳粒径一般应为光线在空气中波长的一半，即 0.2～0.4 μm，若小于此值，则颜料失去散射光的能力，而大于此值则总表面积减小，使颜料对光线的总散射能力减小。实际上，颜料的直径大致在 0.01 μm（如炭黑）到 50 μm（如某些体积颜料），颜料通常是不同粒径的混合物。

颗粒的形状不同，其堆积与排列也不同，因此会影响颜料的遮盖力、涂料的流变性质等。例如杆状的颜料具有较好的增强作用，但也往往会戳出表面，降低表面光滑度，因而会降低光泽度，但有助于下道涂料的黏附。片状颜料有栅栏作用，可减慢水分的透过。

（5）相对密度：一般涂料厂购入颜料是按质量计算的，而颜料的作用则是以体积为基础的。因此相对密度小的颜料是合算的。金红石二氧化钛的相对密度为 4.1，铅白的相对密度是 6.6。体积颜料一般相对密度都比较小。

（6）化学稳定性：颜料的化学反应性会限制某些颜料的使用，例如氧化锌用于高酸值的树脂中，会与树脂反应生成皂，并使树脂间交联（通过二价金属锌），因而使树脂在储存过程中黏度大增，这称为漆的“肝化”。含铅的颜料能与大气中的 H_2S 反应生成黑色的硫化铅，从而使涂层发暗。

（7）润湿性、分散性与表面处理：为了改进颜料的分散性与润湿性，往往要对颜料表面进行处理。颜料的润湿性和分散性是一个重要指标。例如，为了使颜料易于分散，可用树脂处理，因为聚合物可在聚集的粒子间形成空隙，这样溶剂容易渗入粒子中并将树脂溶解，留下的粒子能较好地分散于介质中。有的颜料（如 $CaCO_3$）用硬脂酸处理后，可降低颜料相对密度，增加体积，这样可控制沉降速度，即使沉降也不致形成硬块，但用量不能超过 10%，TiO_2 表面则常用 Al_2O_3、SiO_2 等处理以改善其耐候性和分散性。

（8）毒性：铅颜料由于具有毒性，其使用已受到严格限制。选择颜料时，必须注意其毒性。

2.2.2　颜料的分类

颜料一般分为着色颜料、防锈颜料和体质颜料三种。

1. 着色颜料

着色颜料是颜料品种中最多的一种。它不溶于水和油，具有美丽的颜色、良好的附着力和遮盖力、在涂料中起着色作用和遮盖物体表面的作用。其可提高涂层的耐久性、耐候性和耐磨性，如锌铬黄（黄色）、红丹（红色）、群青（蓝色）、二氧化钛（白色）、石墨（黑色）、氧化锌（白色）、锌钡白（白色）、铜粉（金黄色）。

2. 防锈颜料

防锈颜料之所以能成为一类，主要是因为其具有特殊的防锈能力。防锈颜料用在涂料中附着在金属表面上，可防止金属的锈蚀，甚至涂层略为擦破也不致生锈，具有较大的经济价值。防锈颜料分类如下：

防锈颜料
- 物理防锈原料：铝粉、云母氧化铁、铁红等
- 化学防锈原料：锌粉、磷酸锌、三聚磷酸铝等

物理防锈颜料有以下几类。

（1）铁红：外观为红棕色粉末，易溶于强酸和中强酸，化学式为 Fe_2O_3。铁红主要用于油漆、橡胶、塑料、建筑等的着色，是无机颜料，在涂料工业中用作防锈涂料。因此铁红既是着色颜料也是典型的防锈颜料，是防锈底漆必不可少的成分。

（2）铝粉：银白色轻金属，密度小、延展性好，加工技术完整，经过加工后，铝的细度达到 100，为片状结构。特性：泛金属光泽，具有反光性能（防止光线辐射升温）。大型室外结构（大型油罐）外表均为银白色铝粉涂料，船舶也如此；铝粉可以与多种树脂配制成满足各种需要的防腐蚀涂料体系，如铝粉环氧船底漆、铝粉氯化橡胶防腐蚀漆等，上层建筑也使用。

（3）云母氧化铁：云母氧化铁为片状结构，互相重叠交叉，形成致密的阻挡层，起基本的阻挡作用。图 2-3 为云母氧化铁片微观结构图。云母氧化铁阻挡抗水渗性好，防锈性能优异，可以取代红丹。

图 2-3　云母氧化铁片微观结构图

化学防锈颜料包括以下几类[7]。

（1）红丹：防锈性能好，与钢表面阳极区 Fe^{2+}反应生成 Fe_2PbO_4 钝化阳极，与阴极区 OH^-反应生成 $Pb(OH)_2$ 钝化阴极。与干性油中的游离脂肪酸作用生成$(RCOO)_2Pb$，增加膜的不透水性和牢固性。毒性大，对铝和镁有腐蚀作用，不能长期与海水接触。鉴于铅盐类的毒性，目前已经禁止使用。

（2）锌粉：锌是电化学防锈颜料。具有电化学活性，其标准电极电位为–0.76 V，较铁（–0.44 V）活泼，对铁起到牺牲阳极的作用。其溶解产物为具有沉淀性的锌酸盐，覆盖在基体上，形成阻挡层，从而保护钢铁。它可被熔融并加工净化成颗粒细微的高纯度的锌粉。用大量锌粉配成的漆称为富锌底漆或者富锌面漆。大型钢结构的银灰白色构件，均采用此类技术，在空气室外环境具有近 20 年的保护期。图 2-4 为锌粉微观结构图。

图 2-4　锌粉微观结构图

达克罗是一种以锌粉、铝粉、铬酸和去离子水为主要成分的新型防腐涂料技术。达克罗溶液中的金属粉末为锌粉时，大量的锌粉（70%～80%）溶解于醇类溶剂（加活性稀释剂），加上胶黏剂，在金属零部件表面高温烘烤干燥，快速成膜。达克罗膜层对钢铁具有显著的保护作用。达克罗处理的部件可以人为控制，专业加工，快速成型，成膜质量可控制，在设备部件再制造技术中值得应用推广。

图 2-5 为达克罗锌粉微观结构图，图中锌粉层密集交错堆积，形成致密的保护层。图 2-6 为达克罗处理的金属部件。

图 2-5　达克罗锌粉微观结构图

图 2-6　达克罗处理的金属部件

（3）磷酸锌[$Zn_3(PO_4)_2·H_2O$]：既能与涂料中的羟基、羧基等基团化合，增加互溶性，也能在金属表面上生成牢固的 $Fe[Zn_3(PO_4)_3]$沉淀层，从而减缓基体金属腐蚀。

锌离子为中性胶态离子，与 PO_4^{3-} 相容性良好，可形成均匀的磷酸膜阻挡层。其特点是无毒，对表面处理要求不高，对各种涂料均可适用，因此应用较为广泛。但目前对磷酸锌的作用仍说法不一，某些研究认为磷酸锌的盐雾试验结果较差，但对于天然曝晒效果很好。Cl^-的渗透性较强，因此磷酸锌防止 Cl^-能力有限，但对大气腐蚀有效。

（4）三聚磷酸铝（$AlH_2P_3O_{10}·2H_2O$）：白色粉末，微溶于水，与磷酸锌相比铝盐代替锌盐，多聚磷酸根代替单个磷酸根。其结构复杂：每两个 PO_4^{3-} 之间脱去 H_2O，形成 P—O 键的直链环状结构，余下 OH^-与 Al^{3+}成盐，结合稳定，进一步强化结构的致密性，颗粒粗大，成膜时空间桥式链状结构连续牢固，形成完整致密的保护膜层。能与金属离子结合生成硬度高、附着力强的钝化膜。图 2-7 为三聚磷酸铝的链状结构，图 2-8 为三聚磷酸铝的微观结构。

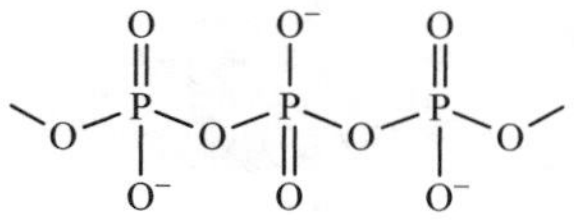

图 2-7　三聚磷酸铝的链状结构

图 2-8　三聚磷酸铝的微观结构

三聚磷酸铝可有效地用于水性和溶剂型涂料体系中，如环氧、丙烯酸和乙烯类涂料的防锈底漆，是目前最主要的防锈颜料，对海洋环境也非常适用。

（5）锌铬黄：CrO_4^{2-} 具有钝化性能，铬酸盐钝化膜层性能突出，锌盐为胶状沉积物，覆盖在底材的活化点，原位抑制进一步溶解，显著强化防腐作用，因此锌铬黄保护作用突出，但是受到环保限制，目前仅仅在特殊条件下使用，如铝制飞机机体涂装。铝材在涂装前，为了提高保护作用，一般均需要进行表面预处理。表面预处理以往采用专用处理液含铬酸盐的溶液，进行氧化封闭处理（铬化），在此基础上再涂装；而经典飞机机身的涂料体系则通过钝化液表面钝化 + 环氧防腐底漆 2 道 + 丙烯酸-聚氨酯面漆 2 道。

3. 体质颜料

体质颜料一般是细微的白色或者浅色固体粉末，用于增加涂层密度和质地，增加涂层厚度，使涂层经久耐用。这些体质颜料本身密度低，悬浮性好，可以防止密度大的颜料沉淀。有些体质颜料组成细腻，可以改善涂料的平整性。体质颜料多为惰性物质，与涂料组分不起化学作用。使用少量着色力和遮盖力较强的颜料时，利用它们较强的遮盖力和着色力，可加部分体质颜料来补充颜料所占有的体系，而仍旧保证涂层的质量。图 2-9 为体质填料分类及品种。

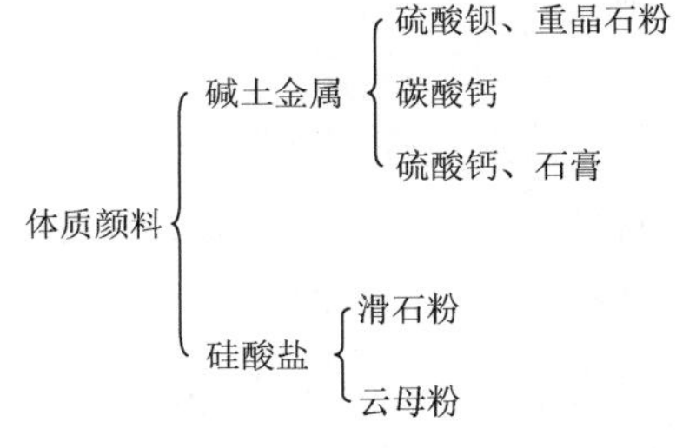

图 2-9　体质填料分类及品种

滑石粉的主要成分是二氧化硅和氧化镁组成的复式硅酸盐，化学式为 $3MgO \cdot 4SiO_2 \cdot H_2O$，以片状和纤维状两种形态混合存在，密度 2.7～2.8 g/cm^3，pH 值为 9.0～9.5，热稳定性可达 900℃，质地软，硬度为 1 级，有滑腻感，化学性质不活泼且吸附力强。用于涂料中能防止颜料沉底结块，还可以防止涂膜流挂和涂层龟裂，并能提高涂膜的耐水性、耐磨性、耐久性和耐涂刷性。

在涂料生产中使用体质颜料，可节省好而贵的颜料，有时还可以提高耐磨性、耐水性和稳定性。所以体质颜料在涂料配方中，不只是为了降低成本，同时还有提高质量的作用。

2.3　溶　　剂

溶剂是一些能够挥发的液体，能溶解和稀释树脂，调节由成膜物质和颜料构成的涂料体系的黏度，使其成为易于涂布的流体，然后在成膜过程中，溶剂逐渐挥发，使涂膜具有较好的物理机械性能。

1. 溶剂对涂料的作用

（1）溶解涂料中的成膜物质，降低涂料的（黏）度，便于涂装。
（2）增加涂料储存的稳定性，防止成膜物质发生凝胶，减少表面的结皮倾向。
（3）增加物体表面的湿润性，使涂层有较好的附着力。
（4）使涂膜流平性好，可避免涂膜过厚、起皱、过薄等弊病。

2. 溶剂的选择原则

涂料溶剂的选择主要是根据各类溶剂的溶解力、挥发速度、闪点、毒性及价格等来确定。

1）溶解力

溶剂具有能溶解树脂成膜物质的能力。溶解力越强则涂料的黏度越小。各类溶剂对不同树脂原料溶解性不同，溶剂的溶解能力越大，在一定黏度和固体含量要求下，其使用量越少，越有利于降低成本和减少污染。

2）挥发速度

溶剂能控制涂膜处于流动状态的时间长短。挥发速度必须适应涂层的形成，太快会影响涂料的流平性能，造成涂层表面温度降低太快，使表面发白、起橘皮等；太慢则容易造成针孔、起泡、流挂和干燥时间太长。溶剂的挥发速度主要由溶剂分子离开液面的难易程度决定，与溶剂的饱和蒸气压、溶剂分子和成膜树脂的分子极性等有关，与溶剂的沸点一般呈正比关系，但也不能绝对化。例如醇类，其沸点并不高，由于分子间相互吸引，牵连结合，就降低了它的挥发速度；非极性溶剂，例如苯挥发时，内部不互相牵制，所以容易挥发。饱和蒸气压大的溶剂易挥发，反之则难挥发。

3）闪点和自燃点

除了烃类的氯化物外，有机溶剂都是易燃易挥发的液体。当溶剂蒸气散发到空气中，随着温度的升高，溶剂蒸气浓度逐渐增大，遇有明火就有火焰闪出，但一闪即灭，这个温度称为闪点。溶剂蒸气遇火能燃烧，此时的温度称为着火点。不需要外界加热而能自行着火燃烧的最低温度称为自燃点。它比着火点高，溶剂的着火点和自燃点高，使用时比较安全。

4）毒性、化学分解性

大部分溶剂及其蒸气是有毒的，对人体有害，毒性各有不同，有的是引起急性中毒，有的是引起慢性中毒；有的有累积性，有的无累积性，尤其要注意苯类和氯化烃类溶剂中毒，危害较大。

化学分解性是溶剂受热或光等作用而分解，使溶剂变质，甚至引起爆炸的性质。

溶剂是涂料配方中的一个重要组分，没有它，则涂料制造、储存、施工都会困难，涂层的质量就会受到影响。

在实际配制涂料时，一般多采用混合溶剂，因为采用单一溶剂时一般得不到较好的溶解性能和施工性能，且其价格也比较高。采用混合溶剂能使涂料得到很好的溶解，涂层质量也得到保障，价格也比使用单一溶剂便宜。

3. 溶剂的品种

涂料溶剂根据其与成膜物质的作用方式，可分为三类。

真溶剂：是具有溶解涂料中的有机高聚物的能力的溶剂。

助溶剂：此种溶剂不能溶解有机高聚物，但在一定限度数量内与真溶剂混合使用，具有一定的溶解能力，可影响涂料其他性能。

稀释剂：这种溶剂不能溶解有机高聚物，也无助溶作用，主要作用是降低涂料黏度，调节溶剂挥发速率，同时其价格比真溶剂和助溶剂低，可降低成本。

溶剂种类很多，从化学成分来分，大致有以下几类。

1）石油溶剂

石油溶剂指用蒸馏或热裂解石油的方法得到的溶剂，前者得到烷烃类化合物，但含有部分芳香族化合物，后者得到的是芳香族含量高的溶剂。常用品种如石油醚，挥发较慢，可以溶解大部分天然树脂，以及含油量高的醇酸树脂，但对合成树脂一般溶解力较差。除用作溶剂外，石油溶剂也用于清洗。高芳烃含量的石油溶剂，芳烃含量可高达80%～93%，主要是各种三甲基苯的混合物，沸点在100～210℃，有很高的溶解力，有淡的不难闻的气味。

2）苯系溶剂

苯系溶剂主要有工业甲苯和二甲苯。甲苯常用于混合溶剂，用作气干性乙烯基涂料、氯化橡胶涂料的溶剂；二甲苯是涂料中最重要的溶剂之一，它的溶解力强，挥发速度适中，可广泛用于醇酸树脂、氯化橡胶、聚氨酯以及乙烯基树脂的溶剂，它的溶解力还可以通过加入10%～20%的丁醇而增加，是用于烘漆、快干气干漆的溶剂，具有很好的抗流挂性能。

3）萜烯类溶剂

萜烯类溶剂主要有松节油和松油等。松节油是从松树等针叶树及其分泌物中提取的清亮、无色而有刺激味的液体，主要成分是α-蒎烯、β-蒎烯和二戊烯等。松节油的沸程一般在 140～220℃。因松节油中含有不饱和化合物，它们可以被氧化或聚合，生成的物质可成为涂层的一部分，这种特性使它有助于干性油的干燥，所以其广泛用于油基漆中。松节油的挥发速度适中，溶解力强，用于烘漆中能改进流平性（涂料进行涂装时，涂料在基体表面的铺展及流动性能），增加光泽度。其沸点在 175～195℃。松油具有更高的沸点（200～230℃），它通过分馏得到，主要成分为萜烯醇。

4）醇和醚

醇类主要有乙醇和丁醇，它是挥发快的溶剂，如环氧树脂常用正丁醇和二甲苯（1∶4，体积比）的混合溶剂。

醚类一般在涂料中较少使用，但乙二醇的单醚和醚酯，如乙二醇单乙醚、乙二醇单乙醚醋酸酯、乙二醇单丁醚等都曾是涂料中的重要溶剂，因为它们可和烃类溶剂混溶，大部分还可和水混溶，挥发性小，比较环保，是不少树脂的优良溶剂。它们常作为共溶剂的组分，特别是用于水性涂料中作为共溶剂和乳胶涂料中作为助成膜剂。但是，近来发现乙二醇的这类衍生物毒性太大，因此不宜继续使用，它们的代用品是丙二醇的单醚或醚酯。

5）酮和酯

酮类溶剂主要有丙酮、丁酮和甲基异丁基酮。丙酮挥发很快，溶解力很强，常和其他溶剂合用。丁酮或称甲乙酮，也是挥发快和溶解力强的溶剂，可用于烯类共聚物、环氧树脂、聚氨酯涂料中作溶剂，它也常和一些溶解力差的溶剂混用以改进涂料的成膜性和涂布性能。甲基异丁基酮用途和丁酮类似，但其挥发速度较慢。环己酮也是一种优良的溶剂，挥发速度较慢，但有难闻的味道。

酯类主要有乙酸乙酯和乙酸丁酯，可用于多种合成树脂中。特别是乙酸丁酯挥发速度较慢，更为适用。乙酸乙酯和乙酸丁酯的溶解力都低于酮类溶剂，酮类溶剂也较便宜，所以有被取代的趋势。

6）氯代烃

它们都有很好的溶解性能，如二氯乙烷、三氯甲烷、三氯乙烯、四氯乙烷等，但毒性太大，不宜在涂料中使用。由于高的极性，它们可用于调节静电喷涂涂料的电阻。

2.4 助　　剂

助剂是为了赋予涂料某些特殊的功能而加入的组分。一般根据其功效区分，主要有各种助溶剂、催干剂、增塑剂、防沉剂、防潮剂、软化剂等。在涂料中这些组分的比例非常少，一般在5%左右，甚至更少，但占有非常重要的地位，是涂料生产、储存、施工和使用过程中必不可少的材料，对涂料的某些关键性能起决定性作用，其作用各不相同，使用方式不同，概括起来，往往在下面几个方面有重要作用。

（1）保证涂料生产的进行，如乳化剂、分散剂、引发剂等是生产某些涂料品种必不可少的。

（2）改善施工性能，如溶剂可降低涂料黏度，增加流动性，便于施工，以满足特定的工艺要求。

（3）改进涂料性能，如催干剂和固化剂可缩短干燥时间，防结皮剂和防沉降剂可防止涂料储存期间的结皮和沉降。

（4）防止涂层病态的产生，如流平剂可使涂料易于流平，防止结皮，防潮剂可防止涂层发潮。

（5）改善涂层的使用性能，如增韧剂可提高涂层的柔韧性，防霉剂可使涂层免于生霉，紫外光吸收剂和抗氧剂可提高涂层的耐晒性和耐候性。

目前，在涂料的生产制造、涂装施工中使用的辅助材料越来越多，现对某些定型的助剂进行简介。

1. 增塑剂

增塑剂与成膜物质的高聚物混合可以增加涂层的柔韧度和附着力。

增塑剂分两种：一种是溶剂型的，采用挥发速度很低的高聚物溶剂，用来增加高聚物的弹性，能以任意比例互溶，所以称为化学增塑剂；另一种是非溶剂型的，是高聚物的一种不挥发的稀释剂，用来增加高聚物的弹性，但互溶性有一定限制，所以称为软化剂。

增塑机理曾有两种说法。一种是胶凝学说，认为极性高聚物的刚性是由于在高聚物分子间有一定间隔的交联，构成网状、蜂窝形结构。极性增韧剂进入，破坏了高聚物中极性基团或氢键形成的许多范德瓦耳斯力交联点，使结构变形而不断裂，减少了刚性。另一种是润滑学说，增韧剂进入非极性高聚物中，使分子间距离增大，在分子间形成润滑剂。当高聚物受力变形时，高聚物分子运动方便，减少了分子间的摩擦力。

理想增塑剂必须具备以下性能：能与成膜物质很好地均匀融合，对颜料有很好的润湿性能、对涂层的软化作用小、弹性好、光泽及附着力大、不易挥发、长期保持增韧性能、无味无毒、耐光热及耐寒性好、不溶于水、不吸潮、易溶于溶剂、价格便宜、不易产生有害物质等。

常用的增塑剂有苯二甲酸二乙酯、苯二甲酸二丁酯、苯二甲酸二戊酯、磷酸三丁酯。

2. 防结皮剂

氧化聚合型涂料在储存过程中常有表面结皮现象，这是由涂料的氧化和聚合造成的。它不但造成涂料损失，对施工也带来麻烦，尤其是结皮碎块破坏涂层外观的装饰性能。加入防结皮剂，是防止此类涂料表面收缩的有效方法。

选用防结皮剂，应考虑以下几点：不影响涂层的干燥时间；与涂料的混溶性好；不影响涂层外观装饰性能；不影响涂料的黏度和流平性；无味、价廉易得、耐久性好。

肟类是涂料工业用得最多的防结皮剂，典型结构特点是含有肟基团（—CH ═ NOH）。常用肟类有甲乙酮肟、乙醛肟、环己酮肟等。其用量为涂料的 0.1%～0.4%。一般来说，甲乙酮肟适用于油性漆，乙醛肟适用于醇酸、环氧、聚氨酯漆，环己酮肟的最大优点是没有刺激气味。萜烯类溶剂如松节油等可用作防结皮剂，液体肟类有较强的溶解力，也可用作防结皮剂。

3. 流变剂

涂料属于非牛顿流体，其流变性是指涂料流动和形变的性质，包括黏度、触变性等，其中触变性是涂料非常重要的性质。

触变性是指当对某些涂料给予外力进行搅拌和摇动时，其黏度降低，涂料体系“变稀变薄”，但当外力消失，停止搅拌，静置一段时间后黏度又上升，体系又“变稠变厚”的现象。这一性质与涂料的生产、加工、储存、运输、施工及成膜过程有紧密的联系。

首先从生成的角度，涂料体系黏度降低，有利于组分间的充分润湿，混合均匀，保证涂料体系的性质稳定一致，而进入储存期后，则要求涂料有一定的黏度，这样单个组分不容易沉降聚集，发生组分分离和凝结成块，到了施工阶段，则又希望涂料的黏度降低，有利于涂料在基体表面的润湿、附着和涂覆成膜，而施工的外力一旦消失，涂料往往存在一定的流挂现象，黏度低的涂层更容易产生这一现象，影响涂料外观和涂层的均匀性。上述过程表明，涂料不同阶段对黏度有不同的要求，理想的涂料体系必须按照这种要求，能够进行一定程度的调整，这种要求仅仅依靠涂料的成膜物质，常规的颜料等是难以达到目的的，往往借助于某些特殊组分，协助涂料体系满足要求，这类物质通称为流变剂。

不同品种的流变剂作用机理不同，如二氧化硅呈球形的气相二氧化硅表面上含有憎水性硅氧烷单元和亲水性硅醇基团。由于相邻颗粒的硅醇基团间的氢键合，形成三维结构，这种结构越显著，凝胶作用也越强，三维结构能为机械影响所破坏，因此黏度下降。静置条件下，三维结构自行复生，黏度又上升，因此这类体系具有触变性（thixotropy）。在完全非极性液体中，如无法形成氧键的烃类、卤代烃类溶剂中，黏度恢复只需几分之一秒；在极性类溶剂如具有氢键倾向的胺类、醇类、羧酸类、醛类等中，恢复需要长达数月的时间，取决于气相二氧化硅浓度和分散程度。

4. 固化剂

固化剂在双组分涂料中，能与合成树脂发生交联反应形成涂膜的物质。以合成树脂制成的涂料为例，有些在室温可以干结成膜，有些经加热可以干结成膜；有些则需要利用酸、胺、过氧化物等物质作为固化剂与合成树脂发生交联反应而使其干结成膜，故固化剂又称交联剂。

环氧树脂是最典型的代表，因为环氧树脂是热塑性线型结构的树脂，其本身不能固化，需用固化剂使环氧树脂交联成网状结构，成为不熔不溶的固体产物，从而具有良好的耐化学性能、绝缘性能及机械性能。环氧树脂漆的固化剂种类较多，如多元胺、酸酐等，具体在环氧树脂涂料中加以说明。

5. 抗紫外老化剂

抗紫外老化剂主要用于面漆涂料，提高涂层抗紫外线老化功能，功效明确，效果显著。抗紫外老化剂主要是一些不饱和有机物，其不饱和键能够先于涂层中不饱和键吸收紫外线能量，通过分子结构变化消耗其能量，从而保证涂层结构的稳定性。研究者先后开发了几代产品，目前较为常见的有抗紫外老化剂 UV531：2-羟基-4-正辛氧基二苯甲酮，其能够吸收 240～340 nm 的紫外光，具有色浅、无毒、相容性好、迁移性小、易于加工等特点。抗紫外老化剂往往和受阻胺类（亚磷酸酯）匹配使用，此类产品属于涂料中高附加值的产品，国际上由几个厂家垄断。

6. 润湿剂

润湿剂主要改善固态粉末颜料的分散性[4]，保证其在树脂中分散稳定。颜料和树脂共混首先是需要两者能够互相润湿，排除颜料粒子表面上的水分和空气，颜料粒子受剪切作用，逐步均匀分散于树脂溶液之中。润湿剂本质上是表面活性剂：阴离子表面活性剂如月桂酸钠；阳离子表面活性剂如十二烷基三甲基氯化铵；两性表面活性剂如十二烷基氨基丙酸，这类润湿剂的活性取决于 pH 值。非离子型表面活性剂如十二烷基聚氧乙烯乙二醇醚，这类润湿剂在溶液中不电离，分子中的亲水基团是羟基和醚键。

7. 催干剂

催干剂（干燥剂）是具有加速干燥作用的物质，一般为金属氧化物（如 MnO_2）、金属离子可以与树脂中的酸性基团，如羧基反应成皂盐加快树脂的成膜速率。催干剂一般用于单组分自然干燥的涂料，如清漆、油基漆、醇酸漆等油料较多的油性漆，不能用于其他挥发性类的涂料中，催干剂虽然能加速油基漆类的干燥，但是涂层的干燥速度并不与催干剂的用量成正比。

涂料助剂还有很多品种，这里不一一介绍，相关内容可查阅有关参考书。

2.5 涂料配方设计

1. 涂料产品开发的基本要求

为满足不同的要求，任何涂料产品需经过设计、开发和制造。涂料配方设计时需考虑下列主要因素[5]。

（1）涂料性能的要求：主要需考虑涂料的光泽、颜色、各种耐性、机械性能、使用环境和各种特殊功能等。

（2）涂装工艺：涂料只是半成品，只有经过适当涂装后的涂层才是最终产品。涂料必须适应不同的施工方式。如空气喷涂、滚涂、刷涂等、不同的底材品种以及相应的施工环境（温度、湿度、通风性等）。

（3）储运稳定性和开罐性能：要求涂料使用前和开罐后不沉淀、不分层、流动性良好。

（4）法律法规要求：需满足强制性法规，如挥发性有机物（volatile organic compound，VOC）限量，有毒、有害物限量。对颜填料、溶剂、助剂的选择，除了考虑各自的性能还要考虑其毒性。

（5）性能/价格比优化：在保证涂料技术性能和施工性能前提下，最大限度地降低成本，提高产品的竞争力。

（6）满足配套性要求：涂料产品应与底材、底涂配套，涂料产品应与其他保护方法，如电化学防腐方法等相配套。

合格的涂料供应商应该提供产品说明书、施工工艺、底材要求、配套要求以及材料安全数据表（包括基本组成）等书面材料，这也是进行涂层失效分析最基础的信息资源。

2. 现代涂料工艺的基本范畴

涂层或涂膜是涂料的最终产品。要保证涂层达到预期的要求，不致中途失效，就必须从涂料开发、生产和涂装的全过程进行有效控制。所以涂料工艺具有更加广泛的内涵，至少包括四个方面的内容。

1）对涂料原材料的控制

涂料用原材料品种很多，同一种原材料厂家不同、牌号不同，其性能差别很大。若给出一个基础配方，但不知道具体的规格、牌号，也做不出合格的产品。错误地选用原材料往往是涂层失效的原因之一。

2）涂料的配方优化

涂料是多种物质构成的复杂的多相体系，各个组分间存在复杂的物理和化学作用，目前尚无法用理论分析计算的方法来确定涂料的组分配比，也无法建立组分配比与涂层物理机械性能之间的定量关系，实际的涂料开发通常是从一些基础配方出发，根据用户的要求调整。尤其是用户需求日益个性化，对配方的调整和优化是不可避免的。即使是一些定型的大宗产品，随着原材料的变化，其配方也要不断地调整。所以配方工作就是不断选优的过程，最终目标就是在充分了解用户的需求后，以最低成本满足用户的需求。也就是说满足用户需求的产品就是最好的产品。

在色漆配方中正确认识和使用颜料体积浓度（pigment volume concentration，PVC）和临界颜料体积浓度（critical pigment volume concentration，CPVC）的概念非常重要。颜料体积浓度是指涂料中着色颜料和体质颜料的体积与配方中所有不挥发分（包括乳液固体分、着色颜料和体质颜料）的总体积之比，通常以百分数（%）表示。

$$\mathrm{PVC}(\%)=\frac{\text{颜料体积}}{\text{涂层总体积}}\times 100\%$$

式中：颜料体积指颜料和填料的总体积，涂层总体积指颜料体积 + 固体基料的体积。

涂料配方中固体成分包括颜料、填料和树脂等基料。涂层的结构可以描述为颜料粒子堆砌或者搭接起骨架，成膜树脂等基料填充到颜料粒子的空隙中，当颜料堆积的空隙恰好被树脂完全充满时，达到一个最低的基料填充量即临界颜料体积浓度。当涂料中 PVC 低于 CPVC 时，颜料粒子之间有局部空隙未被基料填充满，处于松散的粉末状态，无法形成致密的涂层；只有 PVC 达到 CPVC，颜料粒子之间空隙被基料全部填充满，成膜树脂基料和颜填料粒子之间形成彼此紧密填充并良好的黏结，此时颜填料固态粒子往往处于良好的密堆积状态，结构的强度较高，所形成的涂层完整致密，强度、硬度等机械性能也能够得到保证（图 2-10）。

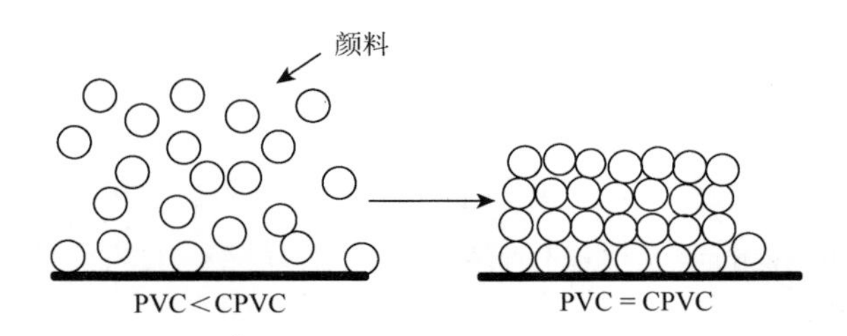

图 2-10　颜料堆砌和基料填充示意图

涂膜诸多性能（机械性、渗透性、光学性能等）在 CPVC 点及附近将发生急剧变化。一旦颜料量进一步增加超过 CPVC，涂层的机械性能、孔隙率、屏蔽性、耐擦洗性、光泽性等基本性能发生突变，通常是性能下降。常规涂料配方设计中 PVC 选择接近但不超过 CPVC。

但是有些特殊的涂料处于超 CPVC 状态，如墙面乳胶涂料，此类涂料有特殊要求，如墙面乳胶涂料装饰性颜色要求高，当其颜填料增加，基料偏少，部分颜料颗粒没有被完全包覆而处于松散粉末状态，涂层的透过性大大增加，涂层空隙增加，有可能混入空气泡，能够增加涂层对光的漫散射，使涂层光泽下降，其中的着色颜料遮盖力和着色力反而增加，涂层的装饰效果得到加强，而且此类涂料对涂层强度要求并不高，因此提高墙面乳胶涂料的 PVC 值，能够强化涂料的性能。

3）涂料制造工艺

制漆工艺本质上是混合、分散和稳定的涂料加工过程，也是保证涂料质量的重要控制过程。如何降低成本、提高生产效率、快速反映市场需求是制漆工艺的研究课题。近年来色浆工艺的采用极大地改变了涂料生产的面貌。

4）涂装技术服务

涂装技术服务日益成为人们关注的热点。常言道：三分涂料、七分涂装。技术服务在现代涂料工艺中所占地位日益突出，这也是涂料行业的一大进步。事实上，很多涂层失效的原因都来自不适当的涂装，后面将详细讨论。

2.6　涂料的制备加工

涂料制备要将成膜树脂和颜料等成分充分混合细化，特别是固体状态的颜料，必须依靠研磨剪切力和撞击力来分散。典型的撞击力研磨机是高冲击研磨机，典型的剪切力研磨机是三辊机，大部分研磨设备兼有撞击力和剪切力。在涂料中主要使用的分散设备有高速搅拌机、球磨机、砂磨机及三辊机等。

1. 球磨机

球磨机借助于固态颗粒状的硬质微球作研磨介质，如石英砂球、钢制球等，钢筒内装钢球或石球，钢筒水平地装置在轴上，可以围绕其轴旋转，钢筒旋转使球上升，然后开始下落，在相互滚撞过程中，使接触钢球的颜料粒子被撞碎或磨碎，同时使混合物在球的空隙内受到高度湍动混合作用。砂磨机是球磨机的外延，只是研磨介质是微细的珠或砂。砂磨由一个直立盛砂筒体、搅拌轴和由底部向上的强制送料系统三部分组成。砂磨可连续进料。漆料和颜料的预混合浆通过圆筒时，在筒中受到激烈搅拌的砂粒给予它们以猛烈的撞击和剪切作用，使得颜料很好地分散在漆料中，分散后的颜料浆离开砂粒研磨区通过出口筛，溢流排出；出口筛可挡住砂粒，并使其回到筒中。常规砂磨机的结构如图 2-11 所示，砂磨机是分散效率很高的设备，也是一种普遍采用的设备。

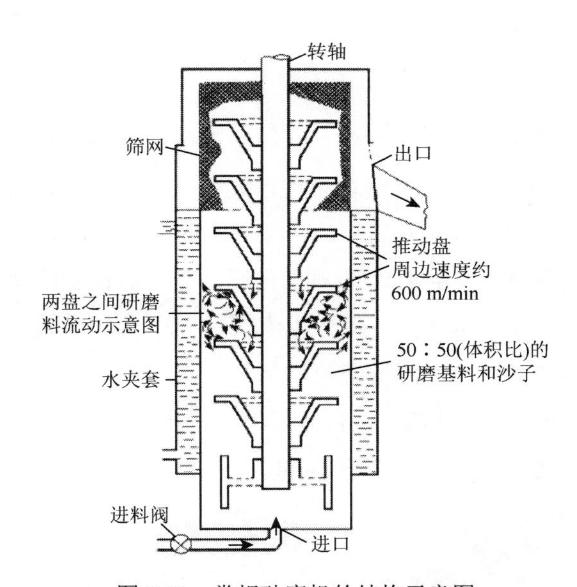

图 2-11 常规砂磨机的结构示意图

2. 高速盘式分散机

高速盘式分散机如图 2-12 所示，利用高速旋转的分散叶轮，将颜料、填料和树脂等组分粉碎、研磨、共混均匀。高速盘式分散机既可用于颜料和漆料的预混合，也可用于研磨和最后的调稀操作。它主要是由一根装有锯齿状搅拌叶轮的高速搅拌器和筒体组成。为了提高分散效率，人们对叶轮形状进行了很多研究，其最简单的形式如图 2-13 所示，是一扁平的圆形平板，为了达到研磨分散颜料的目的，叶轮的圆周线速度须达到 2 000 cm/s

以上，转速一般为 4 000～5 000 r/min，加料和调稀时可将速度调低。高速盘式分散机使用方便，效率高，后处理方便。

图 2-12　高速盘式分散机

图 2-13　高速盘式分散机叶轮

3. 三辊机

三辊机主要用于高度的涂料体系共混，不能用于底漆等对细度要求不高的体系，装饰性要求高的面漆中不适用。它由三个钢辊组成，装在一个机架上，由电动机直接带动，三轮速度不同。将研磨料投入加料辊（后辊）和中辊之间的加料沟，二辊以不同速度向内旋转，部分研磨料进入加料缝并受到强大的剪切作用，通过加料缝的研磨料分为两部分，一部分附在加料辊上，回到加料沟，另一部分由中辊带至中辊和前辊之间的刮漆缝，在此又一次受到更强大的剪切作用，经过刮漆缝研磨料又分成两部分，一部分由前辊带至刮刀刃处，落入刮漆盘，另一部分再回到加料沟。三辊机是用剪切力作用来分散颜料的，用三辊机时，溶剂应为低挥发性的。三辊机见图 2-14。

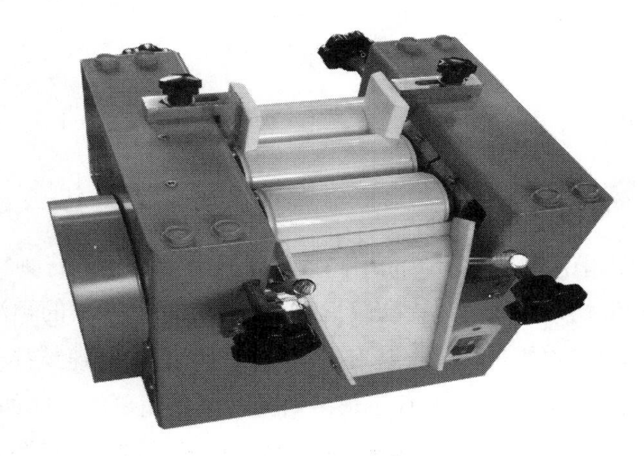

图 2-14　三辊机

本章重点讲述了涂料的主要成膜树脂、颜料、溶剂及助剂的相关知识，同时对涂料配方设计原理和涂料的制备加工进行了介绍。后续将学习涂料在船舶上的应用及涂装等相关知识。

思考题

1. 涂料的各个组分有哪些？每个组分的主要功能有哪些？

2. 列举丙烯酸树脂的主要单体种类及结构简式。

3. 简述丙烯酸树脂的合成原理、结构与性能特点。

4. 简述双酚A型环氧树脂的结构特征及合成反应原理。

5. 简述环氧值、环氧当量、环氧分子量的含义及计算。计算胺值为300的聚酰胺树脂（650#），固化100 g E50环氧树脂，需要650#多少克？

6. 系统说明聚酰胺环氧固化剂的主要特点。

7. 简述聚氨酯合成单体的主要品种（TDI、MDI、HDI）及其结构式。

8. 请说明聚氨酯的特征结构基团、合成反应类型、发生化学反应的特征基团及规律。举例说明异氰酸酯与醇、胺、水的反应及其应用。

9. 聚氨酯涂料大多为双组分涂料，其中多使用异氰酸酯的多聚体，为什么？

10. 说明氯化橡胶树脂的合成原理及涂料特点。

11. 比较丙烯酸、环氧和聚氨酯树脂的结构和性能特点。

12. 如何理解高聚物的“软-硬段”嵌段结构的优势，请以丙烯酸、聚氨酯为例说明。如何从分子设计入手，设计制备及控制这一结构的方法？

13. 解释PVC和CPVC的含义，说明其在涂料配方中的重要作用。

14. 详细比较铝粉、锌粉的防锈机理。

15. 请详细分析三聚磷酸铝的防锈作用机理。

16. 解释触变性的含义，在高固体分涂料中加入少量气相SiO_2的作用是什么？

17. 简述涂料溶剂及稀释剂的选择原则、环氧防锈涂料的溶剂品种及组成。

18. 涂料主要的加工技术有哪些？主要的加工设备有哪些？

19. 举例说明特殊助剂的关键性作用。

第3章

船舶涂料

3.1 船舶涂料的特点

海洋环境对船舶等装备的腐蚀相对严重，必须进行系统完整的防腐保护，为此采用完整复杂的涂料保护技术，涂装于船舶内外各部位，以延长船舶使用寿命和满足船舶的特种要求的各种涂料统称为船舶涂料。

由于船舶的制造、使用状态和环境条件等有其特殊性，船舶涂料必须适应其状态，所以船舶涂料具有一定的特殊性，相关涂装体系必须符合如下要求[8]。

1. 常温施工

船舶涂料在适当时间内能够自然干燥。船舶的体积庞大、构建复杂，难以完全置于室内条件下制造；船舶制造工艺复杂，时间较长，这些均决定了常规船舶涂料必须能在常温下施工并自然干燥，需要加热烘干的涂料就不适合作为船舶涂料。

2. 必须适合机械化施工

由于船舶涂料的施工面积大，无法控制其干燥条件，所以一般采用机械化施工方式（如高压无气喷涂等）进行，以保证按时、按量和统一规范完成。

3. 能够适应厚膜化要求

船舶的某些区域施工比较困难，需要一次涂装能达到较高的膜厚，因此往往需要厚膜型涂料。

4. 水下涂料具备耐电位性和耐碱性

船舶的水下部位往往要进行阴极保护，因此，用于船体水下部位的涂料需要有较好的耐电位性、耐碱性。

5. 安全性要求高

船舶为封闭结构，从防火安全角度出发，要求内壁涂料如机舱内部、上层建筑内部等涂料不易燃烧，且燃烧时不会放出过量的烟，因此氯化橡胶等涂料均不适合作为船舶舱内装饰涂料。

3.2 船舶涂料的分类及其要求

船舶涂料一般根据涂装部位进行分类，不同部位对涂料要求有所侧重，因此需要根据部位的特点，选择适当的涂料品种。同时涂装要适应船舶制造的流程进度，同一部位的涂装也需要根据不同的目的进行涂料的配套，如船底一般包括防锈底漆、中间过渡漆和防污面漆等，各部位涂料的配套体系也必须进行系统的筛选优化研究，精心设计和施工。因此船舶涂装是一个复杂的系统工程。

3.2.1 船舶涂料的分类

船舶一般从下往上主要包括水下船底、水线、干舷、甲板、上层建筑和桅杆、烟囱等[7]。图3-1为船舶分区示意图。

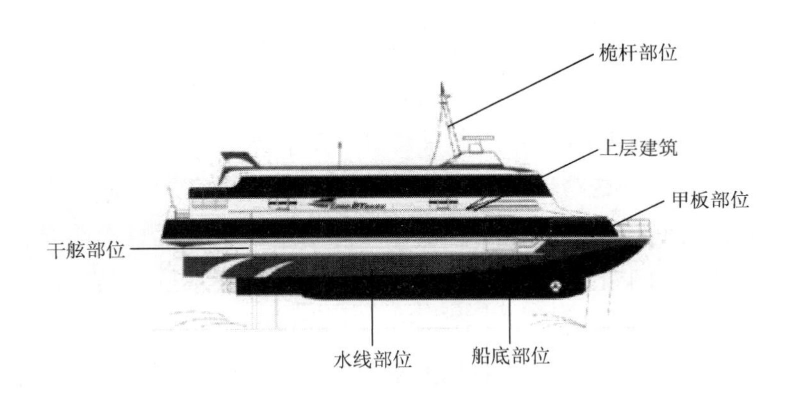

图3-1 船舶分区示意图

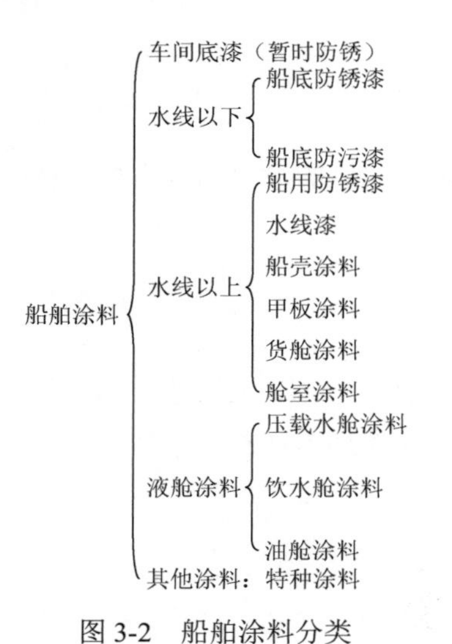

图 3-2　船舶涂料分类

由于不同部位的状态、工况、环境等因素有差异，各个部位环境有其自身的特点，所以对其上的涂料也会有一定的要求，涂料必须满足这些部位的使用要求。图 3-2 为船舶涂料分类。

3.2.2　不同部位船舶涂料的要求

按照从下到上的顺序，依次说明船舶各主要部位对涂料的要求。

1. 船底区

船底区长期浸泡于海水之中，受到海水的电化学腐蚀和海水的冲刷作用，还有海生物的附着和污损。另外船舶通常还采用牺牲阳极或外加电流方式进行阴极保护，整个船体水下区域将成为阴极，阴极还原的反应不可避免会产生少量的 OH^-，因此船底区所用的涂料除具备良好的耐水性、耐磨性外，还必须具备一定的耐碱性，以及特别的防止海生物附着的防污性。

2. 水线区

水线区常处于飞溅区这一特殊的腐蚀环境：海水长期浸泡、冲刷以及日光曝晒的干湿交替状态。这一部位的涂料面临最为苛刻的环境考验：涂料必须有良好的耐水性、耐候性、耐干湿交替性，涂层应具有良好的机械强度、耐摩擦和耐冲击，当船舶采用阴极保护时，还要求涂料有良好的耐碱性。

3. 船舶水上区域

船舶水上区域包括船舶的干舷、上层建筑外部、露天甲板与甲板舾装件等部分，均处于海洋大气暴露区，这些部位长年累月地处于含盐的潮湿的海洋大气之中，又经常受到日光暴晒，有时还受到海浪的冲击，因此要求涂料有优良的防腐性、耐候性、抗冲击与摩擦性能。由于上述部位属于船舶外观上的主要部位，其面漆还需要有良好的保色性和保光性。

这一部位情况复杂，有些部位有特殊要求。如甲板部位是船上人员、设备等的重要活动场所之一，除了常规的防腐性、耐候性，其涂料的特殊性表现在具备防滑功能方面。一般船舶甲板涂料采用加入砂子、塑料微粒等方式加强涂料防滑性能，但是对诸如航母甲板等有特殊要求的部位，还必须进行特殊的加强处理，有专门设计的品种及工艺。

4. 液舱

船舶内部的液舱主要有压载水舱、饮水舱、燃油舱、滑油舱和油船的货油舱等。其中压载水舱长期处于海水压载和空载的干湿交替状态，环境湿热、盐分高、密不通风，甚至局部有海生物残留，条件相当恶劣，同时该部位涂装基本是一次完成，后期难以检查和保养维护，要求涂料有优良的耐海水、耐盐雾、耐干湿交替和抗腐蚀性能，为了保证其性能的良好性，国际海事组织（International Maritime Organization，IMO）建议压载水舱使用浅色涂装，无疑是一个苛刻的要求。

饮水舱（包括淡水舱）长期存放饮用淡水，要求涂料有良好的耐水性。由于饮水直接关系人体的健康，所以饮水舱涂料必须绝对保证不会污染水质，为此必须经有关卫生部门的认可。

燃油舱、滑油舱长期存放燃滑油，一般不会受到腐蚀，以往均不涂装，但在投油封舱之前必须清洁表面，涂以相应的油类保护。为减轻封舱前的清洁工作，往往在分段涂装阶段，燃油舱表面经二次除锈后以车间底漆保护，滑油舱表面常以环氧树脂漆进行保护。

油船的货油舱，为了保证成品油的品质不因污染而降低，对其涂装十分谨慎，在涂料品种的选择和涂装工艺上要求较高。涂料不仅要有良好的耐油性能，还要有优良的耐海水性和耐交替装载性能，而且必须具备长期的极低的组分渗出性。同时残留油品为细菌等污染物提供了生存可能，因此还需要具备防污杀菌的功能。

5. 机舱和泵舱

机舱、泵舱为船舶主要工作场所，室内温度较一般舱室内部高。数据表明，即使在装有空调的机舱、泵舱的舱顶，其平均温度也可以达到 50℃。同时机舱装有船舶主机等重要设备，对安全性要求高，舱壁涂料要求不易燃烧，一旦燃烧起来也不致产生过量的烟，阻燃性涂料较为适合。另外机舱、泵舱的舱底经常积聚含油污水等现象，因此要求涂料同时具备良好的耐水性和耐油性。

6. 生活舱

生活舱是船舶中用于人员起居、生活的舱室，主要对安全性、舒适性有较高要求。目前一般采用装饰板制作，既保证了美观舒适，同时也提高了安全性。如果需要涂装，则对其环保性有较高要求。

3.3 船舶涂料主要配套体系

作为主要的防腐技术措施，涂料涂装被赋予了较高的防腐要求，为了能够满足这些要求，从涂料角度看，单独一种涂料一般难以满足涂装的所有要求，一般设计多层的涂料复合体系，以取长补短、互为补充。如底层一般是附着力、防腐性突出的防腐涂料，其上则覆盖抗紫外线、耐候性突出的面层涂料，这种组合既发挥了两类涂料各自的优势，适当组合后又能够对基体材料进行良好保护，起到了“1＋1＞2”的功效，是现代涂装技术的重要成果。当然不同涂料品种组合，其前提是不同涂料之间有良好的层间附着力和相容性。

复合涂层的附着力和相容性，涉及问题复杂：涂料本身就是多相多组分混合物体系，成熟涂料品种自身的相容性有保证，但是不同涂料品种之间的相容性则必须进行系统的研究和试验，以确保效果。影响涂料配套的因素复杂，必须遵循一些基本原则。

首先就是保证底层和面层的良好的结合力：面漆涂装成膜过程中底漆不会产生黏结、起皮脱落等问题，俗称“咬底”。这一现象主要是由于不同种类涂料使用中的溶剂品种有差别，同一溶剂对不同成膜树脂的溶解性能不同。图 3-3 为涂料成膜树脂品种与溶剂的极性比较。

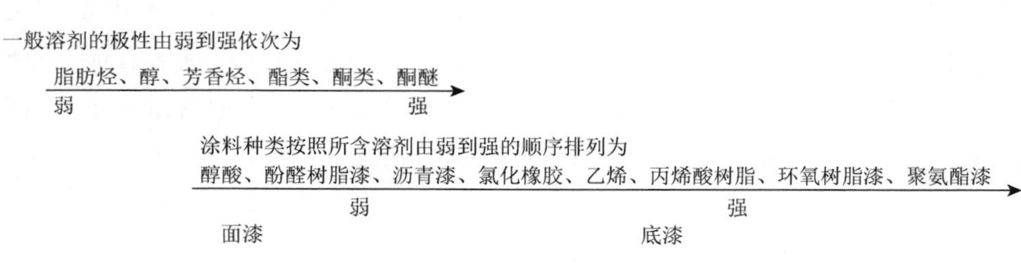

图 3-3　涂料成膜树脂品种与溶剂的极性比较

掌握了树脂、溶剂极性的强弱，就可以遵循如下的原则进行配套设计。

（1）同类溶剂的涂料可以互相配套。如环氧类涂料使用芳香烃，丙烯酸涂料与之极性接近，理论上可以配套使用。

（2）下硬上软。底漆用强溶剂涂料，面漆用弱溶剂涂料；或者底漆为化学反应固化型漆，面漆则为溶剂挥发型漆，这一配套可以有效防止咬底现象发生。

（3）底层涂料、面层涂料所用溶剂的强弱差别不能过大，否则会产生底漆、面漆之间结合不牢或层间脱离现象。可以采用湿润状态下涂装（湿碰湿）：指底漆未完全干燥时（仅仅表干）就在其上涂装面漆的方式。或者涂装中间漆（过渡漆）：如铁红环氧底漆和环氧丙烯酸防污面漆间设计一道氯化橡胶中间漆。主要的船舶涂料配套体系均有系统的考核试验，有严格的规定。经过长期的实践，总结出了主要涂料配套体系。常用船舶涂装的配套体系见表 3-1[8]。

表 3-1 用船舶涂料的配套体系

名称		涂料类型	备注
车间底漆		磷化底漆 环氧富锌底漆	
水线以下涂料	船底防锈漆	铁红环氧船底防锈漆、氯化橡胶船底防锈漆	
	船底防污漆	无锡自抛光防污漆、高丙烯酸铜防污漆	
水线以上涂料	船用防锈漆	铁红环氧酯防锈漆	一般加入铝粉
	水线漆	丙烯酸水线漆、氯化橡胶水线漆	
货舱涂料	船壳漆	丙烯酸船壳漆、氯化橡胶船壳漆	主要用于船舶干舷、上层建筑外部和室外舾装件
	甲板漆	环氧甲板涂料	
	货舱漆	环氧类涂料	
	舱室面漆	丙烯酸涂料	用于机舱、上层建筑内部
液舱涂料	压载水舱涂料	铁红环氧涂料	
	饮水舱涂料	纯环氧涂料	
	油舱涂料	环氧、聚氨酯类涂料	
其他涂料（功能涂料）		耐热涂料、屏蔽涂料、吸波涂料	

总体上看，以钢板为主要材质的船舶涂料及涂装，虽然按照船舶部位分类，但是主要的部位涂装基本上遵循防锈底层涂料 + 保护面层涂料。随着涂料技术的提高，原来在底层和面层之间的过渡层（又称中间层）已经尽可能避免使用了。

根据这一现状，后续船舶涂料品种的介绍，主要按照防锈防腐底层涂料和保护面层涂料两大类进行，重点介绍船底涂料体系、特殊部位的涂料体系、船舶特殊的涂料品种等。

另外船舶涂料采用准入制，国内外已经建立了规范的认证体系、权威有资质的第三方认证机构，如各国船级社授权的单位等。相关涂料必须经由这些单位的认证评估，通过评估考核后，才能够应用于船舶上。因此船舶涂料均是由专业厂家进行研究开发和生产销售，并提供专业的涂装工艺指导，每个厂家的船舶涂料一般均是自成体系，提供配套的涂装工艺，国内外形成了完整的产业链。

3.4 船舶防锈涂料

防锈涂料是基础性的涂料品种，船舶涂料中防锈涂料根据这一行业的特点，主要有短期保护的车间防锈漆和提供基础性保护的船舶防锈漆。

3.4.1 车间防锈漆

船舶建造周期较长（可达2～5年），其间大量使用钢材加工制造设备部件等，涉及时间有先后，因此钢铁材料必须进行防锈保护。但是船舶的外观有统一的要求，在制造后期必须统一进行涂装，所以在制造过程中仅对相关设备进行短期保护，防止在制造期间大量生锈，一般使用有一定防锈作用的涂料——车间底漆。

车间底漆又称为保养底漆或预处理底漆，是钢板或成型钢板经预处理抛丸除锈后在流水线上采取的一种底漆。车间底漆的作用是对经过抛丸处理的钢材表面进行保护，防止钢材在加工组装到分段成形，直至船台合拢期间产生锈蚀，从而大大减轻分段或船台涂装时的除锈工作量。与通常的防锈涂层不同，车间底漆有以下几个特点。

（1）车间底漆是一种临时保养性的底漆，在分段正式涂装时，又可以方便地除去或者保留，主要取决于正式涂装时车间底漆涂层本身的完好性和正式涂装的底层涂料对表面处理的具体要求，为此，车间底漆的膜厚将不计入船体涂层的总膜厚之内。

（2）钢材涂有车间底漆以后，在焊接、切割时，该底漆可不必除去。

（3）由于正式涂装时车间底漆可以保留，故车间底漆要能与各种船舶涂料配套使用。

（4）批量的车间底漆的喷涂尽量采用流水线完成。

上述施工上的这些特点，决定了车间底漆应具备特殊的性能。作为造船钢材预处理用的车间底漆，必须具备以下性能。

（1）车间底漆的存在应对焊接与切割无不良影响。带漆钢材焊接时，焊缝的表面和内在质量应不受影响，焊缝的机械强度也不应受到影响。带漆钢材切割时，切割速度不应受到明显影响，切割边缘也应像无漆钢材一样比较平滑光洁。为此车间底漆选用的品种应获得船舶检验机构（船舶检验局或船级社）的认可。

（2）具有快干性，常温下（23℃）能在5 min内干燥，以适合自动化流水线连续生产。

（3）涂层应具有较强的耐溶剂性能，能适应涂覆各种类型的防锈漆（底漆）。因此，车间底漆多为化学固化型涂料。

（4）单层涂层（厚度15～25 μm）在船舶建造期间处于海洋大气或工业大气中，对钢材应有3个月以上的防锈能力。

（5）具有良好的耐热性，在焊接、切割、火工校正时涂层受热破坏的面积（热影响区）较小。

（6）有良好的耐冲击性和韧性，以适合带漆钢材的机械加工。

（7）具有低毒性，尤其是涂层受热分解时不应产生过多的有毒气体，即使产生部分有毒气体，其在工人操作时的呼吸带的浓度应低于国家卫生标准规定的范围。

（8）涂层有较好的耐电位性，以适合船舶的阴极保护。

车间底漆的主要品种有磷化底漆、环氧富锌底漆和铁红环氧底漆，新开发的有耐高温无机锌底漆。一般船厂有认证过的品种供使用。目前铁红环氧底漆使用较多，因为其与正式涂装的底层防腐涂料类型一致，后续涂装处理较为简单，也符合船舶涂料的发展趋势。

3.4.2 船舶防锈漆

船舶漆中的防锈漆由船底防锈漆和船用防锈漆两大部分组成，两者的成膜树脂种类相同，前者的防腐程度要高于后者，两者的颜填料品种及含量有一定区别。

1. 船底防锈漆

船底防锈漆是涂层长期浸泡在水下的用以保护船底钢板的一种专用防锈涂料，应具有以下性能。

（1）涂层在钢铁表面必须具有很好的湿态附着力，在长期浸水和水流冲击下涂层不会起泡脱落。

（2）涂层耐水性好，透水性及氧气透过率小。

（3）干燥性能好。

（4）与船底防污漆有良好的配套性，层间附着力好，不干扰防污漆的防污性能。

（5）涂层具有良好的耐碱性和耐电位性，能与阴极保护装置配合使用。

关于船底防锈技术指标，GB/T 6822—2014《船体防污防锈漆体系》作出了如下规定：完整船底防锈漆配套系统应该符合下列技术指标（表3-2）。

表3-2 完整船底防锈漆技术指标

项目	指标
干燥时间 表干/h 实干/h	按照产品技术要求 2 24
附着力/Pa	1.96×10^5（沥青类），2.94×10^6（其他类）
耐盐水性 浸盐水24 d	涂层无脱落，允许锈蚀面积不超过5%

典型的品种有铁红环氧船底防锈漆：由环氧树脂、铁红、防锈颜料、溶剂等和作为固化剂的聚酰胺树脂组成的双组分涂料。

环氧树脂具有突出的底材附着力，涂层具有优异的综合机械性能、耐碱性和抗化学介质的能力出色。铁红是经典的防锈颜料，与环氧相容性良好，作用稳定。聚酰胺树脂在常温下是黏稠的液体，分子结构中有较长的碳链和较多的极性基团，它与环氧树脂有良好的混溶性，对颜料有很好的湿润性，由这三者组成的铁红环氧防锈漆，发挥了各自的优势，性能卓越，性价比极高，保护效果极好，其耐电位性能优异，能适应−1.1 V（AgCl/参比电极）的阴极保护，是目前防锈底漆中的首选品种。但这类涂料的固化速度受温度影响，低于 5℃时固化反应几乎停止，涂层与涂层之间的涂装间隔时间仍有限制，超过规定时间后，层间附着力会受到影响，因此我国北方的造船厂在冬天是无法进行露天涂装的。

2. 船用防锈漆

船用防锈漆通常指船舶水线以上大气暴露区域和机舱、房舱、货舱等室内区域用的一般防锈涂料。根据不同的用途，这一类防锈漆通常以环氧树脂、环氧酯、氯化橡胶等为树脂，以铁红、磷酸锌、氧化铁红等为颜料，辅以滑石粉、重晶石粉等为体质颜料。这类防锈漆应具有以下性能。

（1）与钢铁表面的附着力好，并能与各类相应的面层涂料配套。

（2）涂层应具有良好的耐水性和耐候性。

（3）涂层机械强度良好，有一定的抗冲击和抗摩擦能力，并具有较好的柔韧性。

典型品种如早期的单组分的铁红环氧酯防锈漆：氧化铁红是一种物理防锈颜料，性质稳定，遮盖力强、颗粒细微，在涂层中起到很好的屏蔽作用，常与铝粉等颜料结合使用；适合进行焊接、切割和火工校正，一般应用于室内，如机舱、上层建筑内部、货舱等，有时也用于非严重腐蚀的室外防锈。

云铁防锈漆：云母氧化铁是一种化学性质稳定的片状物理防锈颜料。在防锈底漆中，云母氧化铁由于片状重叠覆盖，具有很好的防水与气渗透的作用和良好的耐候性。涂层经日光照射后，有一定的蓄热能力，在海洋性气候地区可以防结露，从而降低腐蚀作用。其在船舶、桥梁等处于海洋性大气和湿热地区的钢铁表面使用，具有良好的防锈效果。

随着防锈涂料的发展，人们希望简化船舶涂料品种，因此对船舶防锈底漆有趋于一致性的需求，一般防锈底漆均以铁红环氧为主，属双组分体系，不同的防锈要求一般可以通过不同的涂装厚度（道数）来满足。这样既保证了防锈效果，也简化了涂料品种，有利于涂装工艺的简化和规范。

3.5 防污涂料

防污涂料通常称为船底防污漆或简称防污漆，是防止海洋附着生物污损、保持船底光洁的一种专用涂料[7]。

3.5.1 海生物附着及危害

在世界各海域中有 8 000 多种植物和 59 000 多种海洋动物，其中有 600 多种附着植物和 18 000 多种附着动物。这些附着生物的幼虫或孢子能够漂浮或游动，发育到了一定阶段后，就在船底、水下结构物或岸边岩石等物体上附着、定居并进一步繁殖。海洋生物大量附着在船底上，将对船舶带来很大的危害，它们不仅会增加船舶的自重、减少船舶的载重，同时会大大增加船体的阻力，造成船舶航速降低和燃油消耗增加。资料表明，船底污损严重时，其海洋生物堆积层可超过 10 cm 厚，每平方米超过 20 kg，这对于近万平方米船底的船舶来说将增重超过 200 t。英国国际油漆公司曾经根据 1 500 多艘船舶进坞情况，统计出其数据：船底污损 5%，燃料将增耗 10%；船底污损 10%，燃料将增耗 20%；船底污损大于 50%，燃料将增耗 40%以上。

船底常见的附着生物、植物有藤壶、牡蛎、贻贝、海鞘、花筒螅、绿藻、褐藻、浒苔等数十种。其中藤壶、牡蛎、贻贝等在船底附着之后，生长迅速，在生长过程中将产生一种张力，能剪开和破坏涂层，同时这些生物还会分泌有机酸，这些将大大加速船底钢板的腐蚀。

船舶处在海洋环境之中，海生物的污损给船舶、水中兵器和水下构件带来严重的影响和危害。

（1）增加了船舶航行的阻力（船体和螺旋桨的阻力），造成了航速降低、燃料消耗量增加和机械的磨损加大，直接影响了船舶的经济性能。

例如美国海军每年约 50%的燃料费，用于补偿因防污涂料失效而引起的舰船减速上；再如在我国南海水域，因海生物繁殖快，舰船在码头停泊一周后，其螺旋桨表面就长满了藤壶、石灰虫等海生物。海洋生物如此严重的附着，甚至使舰船无法启动，必须派潜水员下水刮除。更为严重的是航速下降会降低舰船的战术性能和贻误作战时机，舰船进坞维修次数和维修费用增加，舰船在航率降低。

（2）影响水中兵器的战术性能，如造成非触发性水雷的引信失效和水雷下沉等。

（3）影响舰船的水下仪器的工作，造成仪器失灵、信号失真、性能降低，从而影响舰船的战术性能，如声呐计程仪、水中发射装置、水下导轨、潜艇排气排烟管阀门等，若它们不能正常运转工作，将会带来致命的危险。

（4）绝大多数情况下会加速船体金属的电化学腐蚀，影响舰船的使用寿命。这主要是因为海生物在金属表面的附着会引起 pH 值、氧浓度、代谢产物浓度等的分布不均匀，形成氧浓差腐蚀电池，加速船体金属的局部腐蚀，在生长过程中将产生一种张力，能剪开和破坏涂层。同时这些生物还会分泌出有机酸，这些将加速船底钢板的腐蚀。

海生物的污损主要涉及海洋移动物体（船舶、海洋传感器）、海洋浮动设施（网箱、浮标、锚固设备）和浅海及潮水带设施（堤坝、栈桥、码头、引水管、排水管、水下桩柱等）。

海生物污损对海洋设施的影响十分严重，以船舶为例，受到污损的船只与未受污损的船只相比，在相同的航速下燃料消耗要多 40%。海洋附着生物一旦堵塞了相关发电厂或船舶的海水冷却管道，会使冷却效率降低，影响设备正常运行，严重的还会造成事故。

钢铁、水泥、木材表面沾染海洋附着生物后会加速材料的腐蚀与破坏，这是因为污损生物分泌的酸性物质产生了化学腐蚀和电化学腐蚀，有的附着生物还能将木船打洞穿孔。

海水养殖的网箱、浮筏可能被海洋污损生物附着而导致水流不畅、缺氧和养料不足，养殖生物死亡，导致养殖收益下降。

3.5.2 海生物附着的防污方法

为了降低海生物附着的危害，防止海生物对船舶和水下构件的污损，长期以来，人们研究了很多的防污方法，这些防污方法可分为机械防污法、物理防污法、电化学防污法、生物防污法和涂料防污法[9]。

1. 机械防污法

机械防污法是指定期对船舶和水下构件进行机械清洗，大功率水枪冲洗船底，包括水下机械清除以及船舶进坞清理修复。大型舰船如航母会采用这一方法。

2. 物理防污法

借助物理防污法，产生一定的防污作用，如超声波防污法和辐照防污法。超声波防污法是利用超声波干扰海生物的附着；辐射防污法是利用能产生辐射的放射性物质来破坏和杀灭海生物。

3. 电化学防污法

电化学防污法是利用电解产生的次氯酸根离子或氧化亚铜来杀死海生物。常用的方法包括：电解海水法、电解铜-铝阳极法、电解氯-铜联合法等。图 3-4 为电解防污装置示意图[10]。

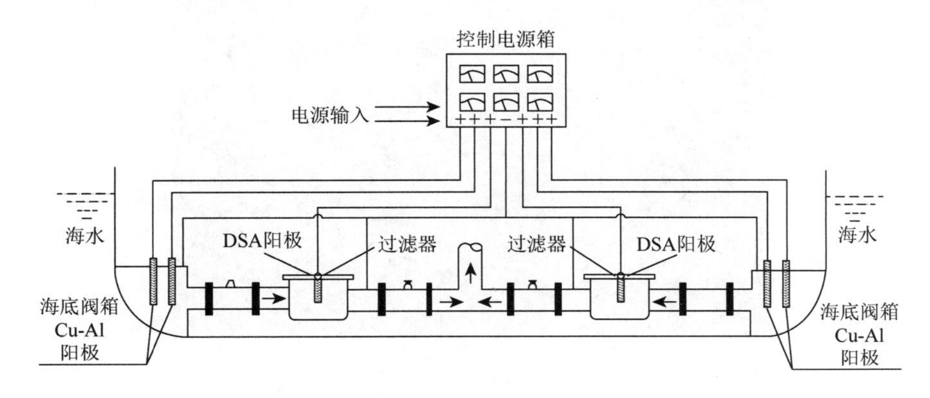

图 3-4 电解防污装置示意图

电解海水法的原理是采用特殊的电极，在无隔膜的条件下电解海水产生氯气，利用氯气和水反应产生的 ClO^-的强氧化性来杀死海生物的幼虫或孢子，从而达到防污的目的。目前该方法主要用于管道和海洋平台的防污。

电解铜-铝阳极法是同时向铜阳极和铝阳极通以直流电，对铜和铝进行电解，生成氧化亚铜和氢氧化铝。氢氧化铝具有一定的黏性，呈棉絮状，可以作为载体与氧化亚铜一同附着在管壁上，利用氧化亚铜可以杀死海生物幼虫和孢子，达到防污的目的。电解铜-铝海水防污装置结构简单，耗电量小，但需要定期更换铜和铝阳极。电解铜-铝阳极法可应用于石油平台的海水处理系统、消防系统、海水冷却系统及电缆防护管线等的防污。

电解氯-铜联合法的基本原理是利用电解海水产生的次氯酸及电解铜和铝产生的氧化亚铜和氢氧化铝的共同作用来杀死海生物，其防污效果比单独使用的总效果好，对环境的污染小，但总费用比单独使用任何一种的总费用都要高。

4. 生物防污法

生物防污法主要有两大类：一类是利用海生物提取物或水解酶作为防污剂的防污方法，一般以涂料的方式应用；另一类是模仿大型海生物的表皮结构的仿生防污法。图 3-5 为鲨鱼皮的微观结构：数百万计的微小盾状鳞片密堆积的规律排列，生物在这种锐角表面难以附着，加上鲨鱼游动速度较快，水流冲击会及时清洁其表面，另外鲨鱼通过分泌生物黏液，对结构进行清洁和修复，维持其低阻力，保证了其表面具有良好的防污效果。海洋中大型鱼类表皮均具有类似的防污功能。

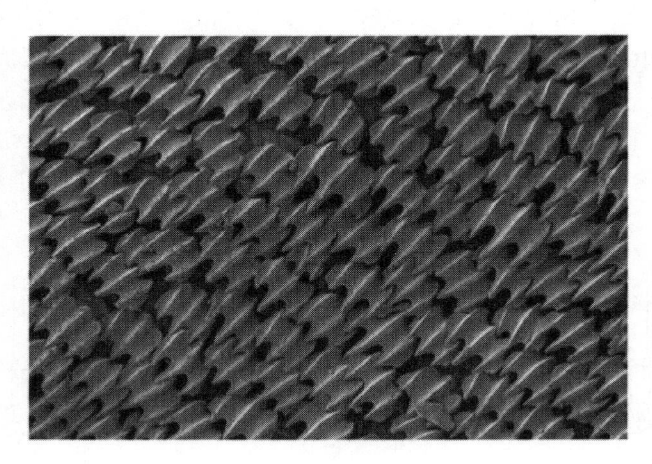

图 3-5 鲨鱼皮的微观结构

5. 涂料防污法

涂料防污法是利用防污涂料释放毒剂或抗附着的表面特性来防止海生物附着，具有防污效果好、防污期限长等特点，是解决海生物附着问题的最廉价、最有效、最方便和应用最广的方法。

到目前为止，无论从经济上还是从效果上，采用防污涂料是公认的可广泛应用的方法。

从海生物的附着特点看，防止海生物污染的思路是明确的：尽可能控制、防止海生物的附着，或者延缓附着海生物的生长速率，或者加速附着生物的生长，加速其死亡和脱落。对这些思路人们均进行了探索研究，也取得了长足的进步，逐步研究和开发了一系列的技术，取得了显著的效果，其中最为重要和成功的是持续开发了一系列的防污涂料，其综合防污有效期逐步由 1～2 年提高到 3～5 年，为海洋船舶涂装寿命的提高奠定了基础。但是随着工程技术的不断进步，对防污有效期的要求越来越高，如开发长达 6～8 年的防污技术等，因此整体上目前的防污技术依然是一个世界难题，需要持续的努力和突破。

3.5.3 防污涂料的组成及特点

船底防污漆是一种防止海生物污损的特种涂料，这种具有特殊功能的涂料可以归为功能涂料。这类涂料经历了长期发展，形成了基于不同防污原理的不同品种。

1. 防污涂料的原理

防污涂料是借助于涂料技术，将具有毒杀生物功能的毒料成分存于涂层之中，在涂层接触水环境后，利用涂层一定的水溶性，控制毒料溶解释放的速率，使之逐步溶解在涂层表面，形成薄薄的一层“含毒溶液”，杀死在表面附着的生物。涂层相当于是有效毒剂的“载体”，涂层牢固附着在底材上，使得毒料能够长期存储、稳定释放，维持其有效浓度。这一设想充分发挥了涂层的作用，无疑具有一定成效。但是毒料的持续存在无疑对周围环境有影响，尽管现代防污助剂已经在尽可能地控制这一点。按照这一设想，防污涂料需要具备以下基本特性。

（1）涂层中含有一定量的能杀伤附着海生物的毒料，这些毒料能连续不断地逐步向海水渗出。

（2）涂层具有一定的水溶性，以保持毒料的连续、稳定渗出。

（3）长期使用能够保持船底表面的光滑均匀，尽可能控制船体的航行阻力。

（4）与防锈漆之间有良好的附着力，防污漆本身层与层之间也应有良好的附着力。

（5）涂层有良好的耐海水冲击性，在长期浸水条件下不起泡、不脱落。

为了达到上述要求，防污涂料需要对成膜树脂、毒料的品种、各种助剂和这些组分的含量等进行系统、深入的研究，特别是成膜树脂的水解速率、毒料品种的开发、树脂与毒料的匹配性，是防污涂料研究的关键。

另一类防污作用是基于涂层表面的物理特性：按照常理在光滑表面，生物附着困难，为此设想借助涂层树脂的水解作用，随着流动海水的渗透，涂层表面极性基团水解，表面润滑性增加，成为光滑的表面，使生物附着困难。这一设想同样取得了成效。

2. 防污涂料的组成

防污涂料主要包括可控制水溶性的成膜树脂、有效的毒料、渗出助剂、相关颜填料和溶剂等。其中最重要的成分是有效的毒料和特殊的成膜树脂。

1）毒料

防污涂料的毒料有其特殊性，首先要对多种易附着的海生物品种有明确的毒杀效果，这些海生物品种包括贝类、海藻类、细菌、微生物等多个品类，毒料要同样有效是非常困难的，需要进行系统全面的研究和评估，包括毒料成分选择、含量大小及不同品种的组合等。历史上出现过一些有效的品种及其组合，如氧化亚铜、铜粉、有机锡化合物等。人类对环境保护的重视，极大限制了毒料品种的选择和应用。相关的主要品种介绍如下。

（1）氧化亚铜：这是防污涂料中最为重要、应用最多的毒料，能有效杀伤多种海洋附着生物，特别是对藻类植物性的杀灭效果突出。其作用机理是微溶的氧化亚铜所释放的 Cu^{+}进入海生物幼虫或孢子体内，具有凝固蛋白质的作用，加速生物新陈代谢。而且氧化亚铜对人体毒性较小，对环境影响相对较小，得到了广泛的应用。直到现在，其依然使用。其缺点是有效浓度相对较高，导致其用量偏大，在常规防污涂料中含量往往达到 20%左右，使得涂料黏度增加，毒料的稳定释放需要严格控制，另外为了防止发生化学反应，这类毒料无法使用在铝制船舶的表面。

（2）铜粉：本身没有明确的杀毒作用，但是往往作为氧化亚铜毒料的辅助成分使用，能够保护 Cu^{+}的稳定性，自身也比较稳定。氧化锌往往也出现在含氧化亚铜的涂料中。其作用也类似。大量实践证明，采用复合毒料比单一毒料效果好，如在以氧化亚铜为毒料的防污漆中加入铜粉、氧化锌等，可以增加氧化亚铜的稳定性，有助于控制其持续稳定地渗透释放，延长防污涂料的有效时间等。

（3）有机铅毒料：氧化铅是传统的防锈颜料，本身有一定的毒性，因此早期作为防污涂料常见的毒料品种加以应用，具有渗毒料平稳、持久及长效的特点，采用三丁基乙酸铅制造防污漆有效期可达五年。但有机铅对人体的毒性较大，又会污染海水，故实际应用不多。

（4）有机锡化合物：它是在 20 世纪 70～80 年代开发使用的品种。其中以三丁基氟化锡和三苯基氟化锡效果最好。有机锡化合物对防止海藻的污损效果好，对藤壶也有效，可称为宽谱防污毒料。其对海洋附着生物的有效浓度仅为氧化亚铜的 1/10，而且即使在被污染的海水里也不会发黑失效，而氧化亚铜为主的防污漆在被污染的海水里会受到硫化氢（动植物腐败后的产物或工业污水污染的结果）的作用而发黑失效，这是由于生成了不溶性的黑色硫化亚铜：

$$Cu_2O + H_2S = Cu_2S\downarrow + H_2O$$

（5）有机锡高聚物：在锡盐有机化的基础上，联系到成膜树脂为高聚物，有人想到了利用高聚物上的活性官能团将锡离子通过皂化反应接入高聚物分子链上，将有机锡毒料和成膜树脂“合二为一”这一突破性的思路，并成功开发出了相关的有机锡高聚物。这类物质既是成膜物质又可以承担毒料的作用：依靠可控制的水解作用，逐步释放出有机锡分子，毒杀海生物，与单独的有机锡毒料相比，水解作用保证了毒料分子的有效释放，速度适中，持续稳定，毒料的利用率高，因此其有效期得到延长。由此以有机锡高聚物为主，复配适当的毒料所开发的防污涂料，性能稳定持续，防污的有效期迅速提高，防污涂料的综合性能得到显著提升，基本满足了船舶不低于 3～5 年的使用要求。

但是随着该类涂料的广泛使用，人们逐渐地开始发现，有机锡类物质在环境中会逐步积累，对海洋中的生物有不利影响，随着环保意识的增强和要求的提高，到2013年，国际上达成共识：禁止在涂料中使用有机锡类物质，这类防污涂料也不再使用。

毒料从其本质上讲，既然能够有效杀灭附着生物，那么对其他生物难免会有负面影响。为了尽可能控制负面影响，人们在尽可能开发生物残留小、对环境影响小的品种。如自然界的辣椒素、鱼类体液提取的抗邻素等，这些品种大多来源于天然产物，对环境影响小，只是其防污效果无法满足实际使用要求，其性能还需要不断提升。

除了毒料的种类，毒料的含量、不同品种的匹配，与涂料其他组分的配比，毒料的渗出速率等问题，均会影响毒料性能的发挥。

2）成膜树脂

与常规涂料相比，防污涂料的成膜树脂的特殊性在于在保持涂层应有的性能之外，还要保证毒料持续稳定地释放，因此防污涂料的成膜树脂要求较高。

早期人们采用在常规树脂中引入部分可溶于水的树脂，如松香树脂，通过它们的溶解作用释放其中包含的毒料，起到防污作用。由于松香在微碱性的海水中溶解速度较快，具有一定的脆性，稳定持续困难，难以满足2年以上的有效期。

随着高聚物技术的发展，利用高聚物极性基团的水解反应，合成了一系列可控制水解的成膜树脂——自抛光防污涂料。如丙烯酸及丙烯酸酯、改性有机硅等，将有效的毒料分子基团先接枝在极性基团上，然后随着与海水接触，极性基团发生水解，释放出毒剂分子，通过控制水解速率来调节毒剂释放，同时水解活性点的亲水性增加，形成浸润光滑的表面，使生物附着困难。

3）辅助成分

此类物质的主要作用是改善涂层的机械性能和调节毒料的渗出率和功效。如氧化锌，在海水中微溶，本身稍具毒性，与氧化亚铜共用可提高涂层机械性能，还能够提高铜离子的渗出率。常用的颜料有铁红、滑石粉等。铁红可提高涂层机械性能，但对铜离子的渗出率有一定的抑制作用，故用量不宜太大。滑石粉对改善沉淀性有一定作用，它的加入使防污漆储存一段时间后罐内的沉淀较为松软而易于搅拌均匀。

3.5.4 防污涂料的主要品种

1. 高铜防污涂料

这类涂料主要成膜树脂为聚丙烯酸树脂，要具备一定的水解性，以高含量的氧化亚铜

（不低于 40%）为主要毒料，复配其他成分如活性铜粉、氧化锌等，曾经是最为主要的防污涂料品种，到目前为止依然在小型舰船、民用船舶等中使用，防污寿命能够达到 2 年，与部分船舶的小修周期相适应，维修中往往能够进行重涂，涂料为单组分，使用方便，因此受到人们的欢迎，但是重要船舶已经不再使用。

2. 有机锡自抛光涂料

这类涂料将成膜树脂和有机毒料“合二为一”。有机锡高聚物既为成膜树脂又含有毒料基团，通过有机锡高聚物的极性基团在海水中水解，稳定释放出有机锡毒料分子，在表面形成杀毒溶液，同时水解处暴露为新鲜光滑的表面，亲水性增加，形成润湿光滑的表面，海生物难以附着，水解速率随水流的大小而变化，涂层凸起的部位受水流作用力较大，水解速度较快，而凹进的部位则水解速度较慢，因而涂层将日趋光滑，而且有一定自我更新的能力，故将这种防污漆称为自抛光防污漆。某种自抛光防污漆的配方见表 3-3。

表 3-3　某种自抛光防污漆配方

原材料	含量/%
氧化亚铜	35
甲基丙烯酸三丁基锡共聚体 50%溶液	44
二氧化钛	5
膨润土	1
氢醌	0.01
混合溶剂	15

这类涂料主要是可控水解的有机锡高聚物，复配少量颜填料。

有机锡高聚物通常由甲基丙烯酸、三丁基氧化锡与丙烯酸甲酯反应而成。其反应式见图 3-6。

水解作用：分子链上的活性基团如有机锡支链连接部位、极性基团等亲水性强，容易受水分子冲击而断裂，释放出微量有机锡分子，溶解于涂层表面的薄液中，形成有毒溶液而对生物起杀灭作用，断裂点与羟基结合，与水分子相容性增强，表面趋于光滑（自抛光作用），涂层主链结构依然完好，性能保持稳定，而且通过水解释放毒料分子的程度与水流冲击作用相匹配，与生物吸附相关联，有效地延长了毒料的有效期限。这类物质的结构设计巧妙，水解作用与水流作用相匹配，发挥了突出的协同作用，此类涂料的防污效果也

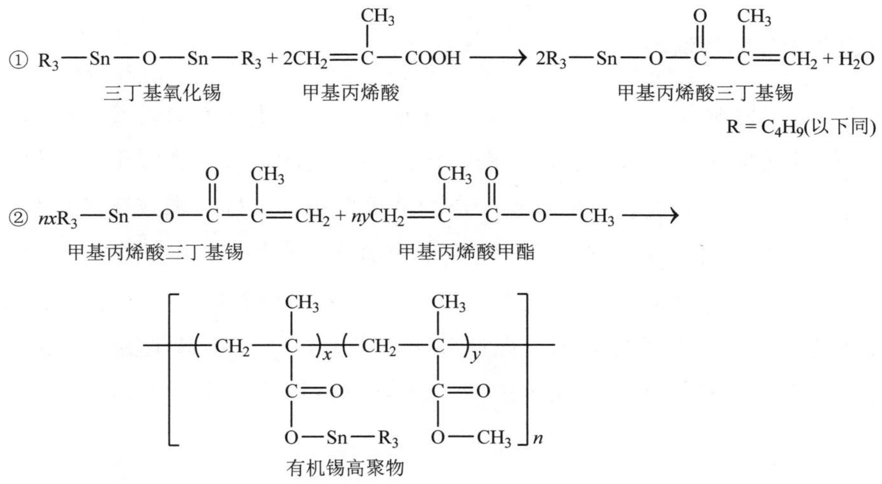

① $$R_3{-}Sn{-}O{-}Sn{-}R_3 + 2CH_2{=}\underset{}{\overset{CH_3}{\overset{|}{C}}}{-}COOH \longrightarrow 2R_3{-}Sn{-}O{-}\overset{O}{\overset{\|}{C}}{-}\overset{CH_3}{\overset{|}{C}}{=}CH_2 + H_2O$$

三丁基氧化锡　　甲基丙烯酸　　甲基丙烯酸三丁基锡

$R = C_4H_9$(以下同)

② $$nxR_3{-}Sn{-}O{-}\overset{O}{\overset{\|}{C}}{-}\overset{CH_3}{\overset{|}{C}}{=}CH_2 + nyCH_2{=}\overset{CH_3}{\overset{|}{C}}{-}\overset{O}{\overset{\|}{C}}{-}O{-}CH_3 \longrightarrow$$

甲基丙烯酸三丁基锡　　甲基丙烯酸甲酯

$$\left[\left(CH_2{-}\underset{\underset{O-Sn-R_3}{\underset{|}{\underset{C=O}{\underset{|}{}}}}}{\overset{CH_3}{\overset{|}{C}}} \right)_x \left(CH_2{-}\underset{\underset{O-CH_3}{\underset{|}{\underset{C=O}{\underset{|}{}}}}}{\overset{CH_3}{\overset{|}{C}}} \right)_y \right]_n$$

有机锡高聚物

图 3-6　有机锡合成及水解反应

得到了实际应用的验证，成为防污涂料的成功典范。以此为基础，复配相关成分，优化性能，得到的有机锡防污涂料，综合起来具备如下优势。

（1）渗出率平稳，防污寿命长，防污效果和涂层厚度成正比，有效防污寿命最长可达5年。

（2）在航行中，涂层在水流作用下自身有抛光作用，可减少船体的粗糙度和航行阻力，能大量节约燃料，与其他防污漆相比，可节省燃料10%左右。

（3）具有耐干湿交替性能，除作为船底防污漆外，还可作为水线防污漆。

（4）维修方便，船舶进坞进行涂层维修时，在原有自抛光防污漆的基础上，可以直接涂装新的自抛光防污漆，不必像其他防污漆需要先涂封闭漆才能继续涂防污漆。

基于上述突出的优点，此类涂料曾经是防污涂料的主流，良好的使用效果曾经让人们以为海生物污染难题能得到解决。

随着此类涂料的大量使用，人们发现其所释放的有机锡化合物的毒性对海洋中非目标海生物有严重影响。研究表明，三丁基锡可扰乱软体动物的内分泌，诱发性畸变，致使种群退化、数量锐减，严重危害海生物的生存，改变海洋中的生物链，这将给海洋生态环境带来巨大的生态灾难，因此国际社会已经从20世纪80年代开始意识到有机锡潜在的海洋生态威胁，各沿海国家纷纷立法限制有机锡类物质的使用。2008年，国际海事组织提出了全球停止使用有机锡防污涂料的倡议，我国也已经落实这一倡议，全面停止有机锡防污涂料的使用。

3. 无锡自抛光防污涂料

有机锡自抛光涂料无法继续使用，必须开发新产品。研究人员借鉴有机锡树脂的结构设计，在丙烯酸树脂主链接枝含硅、铜或锌的侧链基团，形成类似于有机锡侧链基团的结构，铜盐、锌盐代替锡盐，也具有一定的杀灭作用，含硅、铜或锌侧链基团在海水环境中也可与海水中的钠离子发生离子交换反应而逐渐水解，并溶解至水体中起到杀毒作用，涂层的溶解点水溶性增加，变得光滑完整，表面得到修复，具备自抛光作用，涂料中同时复配一定量的氧化亚铜，保证其防污寿命可达三年甚至更长。图 3-7 是这类无锡自抛光防污涂料的水解反应示意图。这类涂料是目前应用最为广泛的防污涂料品种[11]。

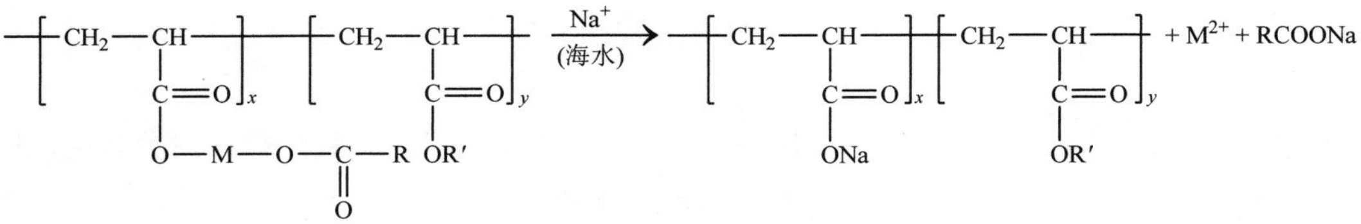

$$\left[CH_2-\underset{\underset{O-M-O-\underset{\underset{O}{\parallel}}{C}-R}{|}}{\underset{C=O}{\underset{|}{CH}}}\right]_x \left[CH_2-\underset{\underset{OR'}{|}}{\underset{C=O}{\underset{|}{CH}}}\right]_y \xrightarrow[\text{(海水)}]{Na^+} \left[CH_2-\underset{\underset{ONa}{|}}{\underset{C=O}{\underset{|}{CH}}}\right]_x \left[CH_2-\underset{\underset{OR'}{|}}{\underset{C=O}{\underset{|}{CH}}}\right]_y + M^{2+} + RCOONa$$

图 3-7 无锡自抛光树脂水解反应示意图

M 为锌或铜，R 为芳基，R′为烷基

尽管从原理看只是金属盐类的替换，但是水解型树脂的合成工艺、成膜树脂水解的速率、有效金属盐类杀毒成分的释放、配方优化、防污有效性的评估等均需要重新设计和开发，存在较大的技术难度。丙烯酸铜、硅或锌无锡自抛光防污涂料的实际使用效果还没有达到有机锡防污涂料的使用效果，主要原因是侧链的水解性能受水解过程中树脂玻璃化温度变化、吸水性及树脂膨胀变化等因素影响，其涂料表面容易形成释出层，而且释出层厚度会随着抛光时间的延长而增厚，造成释出层孔隙路径增长，后期会影响杀生剂的有效渗出。因此自抛光涂料树脂的开发还在持续不断地进行着。

4. 低表面能防污涂料

针对船舶的海生物附着问题，人们观察了自然界中海洋生物如鲸鱼、鲨鱼等大型鱼类，发现其表面附着轻微。究其原因，初步认为与其表面的光滑状态直接相关。自抛光涂料实际上也是受此启发，人们设想利用一些具有低表面能的材料来开发防污涂料。最典型的就是有机硅类材料，利用有机硅表面富有弹性的低表面能特性，使生物难以在船舶表面附着，或者附着不牢固，稍有外力作用容易脱落，同时有机硅类涂料本身性能持久稳定，依靠物理防污的原理，对环境影响小，称为环境友好型涂料。但是这类涂料表面弹性大，同底层防腐涂料附着差，涂层偏软、强度差，怕外力碰撞、冲击、划伤等，对苔藓虫和藻类海生物抑制作用偏弱，涂层需要细心保护[10]。

目前所使用的低表面能防污涂料主要成膜物质为有机硅树脂或全氟丙烯酸酯或全氟甲基丙烯酸酯等树脂。在大型船舶上应用，单纯的低表面能防污涂料往往只能使海生物附着不牢固，需定期清理，附着海生物一旦长大将很难除去，清理过程会破坏涂层，因此，这类涂料比较适合在连续航行，特别是能够在高速行驶的船舶上应用，而对于难以定期进坞清理的大型舰船不推荐使用。

防污技术是船舶涂料技术的热点问题，在世界范围内还没有完全满足人们的需要，因此人们还在持续地研究与开发，特别是环境友好型产品，更是需要技术突破，任重而道远。

3.6 船舶涂料其他常规品种

1. 水线漆

水线是船壳腐蚀条件最为恶劣的部位，干湿交替典型、水浪冲击频繁，故对水线漆要求较高：需要有良好的耐水、耐冲击、耐干湿交替性能，外观还要保持良好。

传统品种有环氧、氯化橡胶等，环氧类涂层坚韧耐磨，寿命长，但色深、装饰性差、施工复杂。氯化橡胶水线漆使用比较普遍，特别是新船，缺点是耐油性欠缺。

近年来为了保证涂装质量，往往将船底涂装上移水线 1 m 处：保留船底涂装（含有防污涂层），在外层再做船壳涂装，最后是水线颜色标示。

2. 船壳漆

船壳漆是指适用于船体外板重载水线以上区域和上层建筑外围壁以及部分栖装件等部位的面层涂料。要求有良好的耐候性、一定的耐水性和耐冲击性、良好的装饰性，如丙烯酸船壳漆、氯化橡胶船壳漆等。其中，丙烯酸船壳漆具有优异的保光、保色性能，涂层光亮丰满，色浅，装饰性良好，不易泛黄。

3. 甲板涂料

甲板是船舶上设备、人员均密集活动的地方，其涂层的摩擦、磨损频繁严重，同时甲板处于干、湿交替的气候环境，光照强，耐蚀性和耐候性均要求高。考虑到人员活动，甲板涂料最为特殊之处就是必须具备防滑功能，以保证甲板上人员活动及机械设备的安全。一般是通过在涂料中添加防滑颗粒（早期的沙粒、橡胶颗粒、石英砂、金刚砂等），加入涂料固化在涂层中，形成具有一定粗糙度的涂层以满足使用要求。

4. 液舱涂料

船舶内有各种液舱：压载水舱、淡水舱、油舱、饮水舱等。舱室数量多、结构复杂。据统计，大型远洋船舶舱室超过 1 000 个，舱室大小和结构差异很大。这些舱室一旦维修，涂装面积是外壳面积的数十倍，防腐蚀费用是十分庞大的。据统计，单个舱的平均检查费用为 8 000～15 000 美元。每个舱在每次定期进坞时进行检查，或通常根据服役和船舶等级至少每 5～7 年检查一次。一旦决定翻修，其维修舱的费用每年达 2.5 亿美元以上。

舱室涂装的涂料首先必须保证长时间共处不污染液舱内的物质，特别是成品油舱、饮用水舱、货舱等。在舱室这个有限的封闭空间内，涂装非常困难，如目前舱室所用涂料仍以传统溶剂型涂料为主，其固化速度较慢，在涂装时，往往等待涂料固化和涂装多道涂层就需要几天时间，施工周期长。在涂装体系的维修过程中，因其他维修工序造成层间涂层附着力下降，涂层易破损，施工质量难以保证。据统计，传统溶剂型涂料在实际使用中，涂层提前失效有 50%以上是施工质量不高引起的，而不是涂料本身质量造成的。另外封闭空间涂装工艺复杂、安全性要求高。传统溶剂型涂料的涂装费用有 90%～95%用在诸如环境温度、相对湿度、通风设备等施工环境条件的控制上，特别是溶剂的挥发，需要有很好的防火和人员安全保护措施。舱室涂装难以检测、维护，迫切希望一次涂装免维护。因此液舱涂料的选择及涂装，往往成为体现涂装水平的标志性技术之一。

在这一领域高固体分无溶剂快速固化长效防腐蚀涂料无疑是最为适当的品种，国内外均是如此：趋向于选择高固体分无溶剂快速固化长效防腐蚀涂料 725-KG-14，实干时间＜6 h，具有 15 年防护寿命，可应用于中型和大型船舶内舱，能缩短防腐涂料涂装时间，避免内舱腐蚀，保障船舶安全性，延长坞修间隔，节约维修时间和成本。

有些液舱有特殊要求，如饮用水舱，涂料必须符合卫生要求，使用天然的漆酚类涂料、纯环氧类涂料。

3.7 船舶涂料的发展趋势

随着涂料技术的发展和应用深入，船舶涂料也在不断吸收新技术，结合自身特点，不断优化性能，下面从以下几个方面重点介绍[11-13]。

3.7.1 重防腐涂装体系

防锈涂料主要是向长效、重防腐和低表面处理等方向发展。

重防腐涂料是指在严酷环境中比常规涂料有更长保护期的防腐涂料。海洋环境下的海工装备，特别需要这类涂料，海工装备的涂装普遍施工困难，要求高，环境恶劣，日常难以维护，重涂也非常困难，长效重防腐涂装体系能够尽可能在装备服役周期内，不会因保护问题而影响其安全性和使用寿命。

重防腐是一个系统工程，涉及使用环境、材料选择、配套设计、施工质量控制等各方面，且根据使用环境和维修难易程度，对不同的使用对象，有不同的使用年限要求。如电视塔和大型桥梁一般要求20年，输油管线要求10～20年，大型船舶等配合维修保养计划，一般要求保护达到5～10年（前提是防腐底漆基本满足要求，表面的防污涂料通过维护达到8年以上），跨海大桥等重要的海上工程，其设计寿命近100年，其涂装体系在适当的检测、维护和保养下，要保证在设计使用年限内保护作用稳定持续。

典型的海工装备重防腐涂料应用在诸如海上石油钻井平台、长程输油管线、港口码头钢结构、跨海大桥、岛礁装备、海军装备等领域。

涂料能够长效主要是基于如下技术的突破：①高性能的成膜树脂技术（如氟碳树脂，以极性超强的C—F键代替传统的C—C键，赋予氟碳树脂远优于传统树脂涂层的长效性能）；②高性能助剂的开发（如具有层状云母结构的玻璃鳞片，借助于“迷宫”效应，能够显著提高涂层的致密性和阻挡性能）；③高效的流变助剂，极大提高了涂料的固体分含量，厚膜涂料应用得到一定普及；④先进的涂装技术特别是高固体分、高黏度涂料的喷涂设备得到突破，也是保证涂装体系长效的关键技术。综合而言，重防腐体系一般具有厚膜、高固体分和双组分等特征。

涂料的防护期效与涂层厚度有一定的对应关系，如国际涂装标准ISO 12944对船上不同部位、不同防护期效要求有相应的膜厚规定：对于船舶水线以下部位涂料有10年防腐蚀的要求，防腐蚀涂层的厚度应达到300 μm以上。按照传统的溶剂型涂料（固体分小于60%，每道膜厚50 μm左右）涂装，至少需要涂装6道才能满足使用要求，不仅施工工序烦琐、涂装工作量大、涂装成本高，还容易产生涂装缺陷。如果采用高固体分厚膜型涂料，一般涂装2道即可满足300 μm的厚度要求。

常规涂料固体含量低，挥发性有机溶剂含量多，不仅污染环境、损害人体健康、导致火灾等事故的发生，还直接影响涂料的防腐蚀性能。因为溶剂的挥发速率将直接影响涂料的成膜过程，如控制不当或溶剂含量过多：一方面使产生涂层缺陷的趋势增大，降低涂层的致密度；另一方面有可能导致溶剂残留在已经干燥的涂层中，易引起涂层起泡而过早失效，而高固体分涂料降低了溶剂含量（低 VOC），更加符合环保要求。但是高固体分涂料黏度大，涂装困难，需要专业的涂装工具和专业的施工团队。目前其主要用于重防腐要求部位，如海洋平台、岛礁，海上构建设备中的风力发电塔、跨油大桥等，还有多种船舶的液舱、活动舱、甲板及环保要求高的部位。

这方面成功的案例有美国 Zebron 公司生产的无溶剂聚氨酯涂料，其可用于海洋设施、船舶、石油设备等的防腐，具有无针孔、快干、超厚、易施工、耐久性、耐候性、机械性能优良等特点，受到市场欢迎。脂环族多元胺作固化剂的高固体分环氧系列涂料，能在低温下快速固化，防腐性能优异，可用于管道和化工厂储罐作防护涂层，是一种非常有应用前景的涂料。

另外对于各种液舱包括淡水舱、油舱、污水舱、压载水舱、电瓶舱等，目前均是铁红、棕色等深色环氧涂料，但由于深颜色的涂膜在照明条件有限的舱室难以发现其缺陷和使用后的状况，要求使用浅色涂料，这对环氧类涂料的颜填料使用有一定限制，目前我国也已经开始开发相关产品，满足相关产品的需求。

重防腐涂料通常由底漆、中间漆和面漆组成，由于通常面漆的寿命远不及防锈漆，所以底漆的性能尤其重要，在这方面典型的突破来自无机富锌防锈底漆的成功开发。传统环氧类有机涂料在大气紫外光照强烈的条件下，其使用寿命受限，而无机硅酸盐类大分子抗老化性能突出，加上与锌粉共混良好，其涂料的锌粉含量可以达 40% 以上，能够起到牺牲阳极的保护作用，因此无机富锌防锈底漆成为最佳的重防腐通用底漆。重防腐涂装体系中还有一种无机硅酸锌涂料，而无机硅酸锌涂料不是指一种涂料的基料（主要成膜物质），而是指一类涂料，一种双组分化学固化型涂料。无机硅酸锌涂料根据所采用的基料和固化机理不同，大致分为三种类型[6]。

第一种是以硅酸钠或硅酸钾为基料，配合锌粉及其他颜料组成的水溶性后固型涂料。这种涂料表面处理要求高（通常需要 Sa2.5 级），涂装后需再涂固化液使其固化成膜，然后还要用水洗去表面的水溶性盐类。施工较为麻烦。

第二种是以硅酸锂为基料，配合锌粉及其他颜料组成的水溶性自固型涂料。这种涂料涂装后能自行固化，施工性没有水溶性后固化型涂料复杂，但表面处理要求同样很高，通常也需要达到 Sa2.5 级。

第三种是醇溶性自固型涂料，以四乙氧基硅烷（正硅酸乙酯）为基料，配以锌粉、着色颜料、助剂、溶剂等，一般分为两罐装。这种醇溶性自固型无机硅酸锌涂料在船舶涂装中应用较多，大量用作车间底漆，也有不少用于需要重点防腐蚀的部位（如甲板、上层建筑外部等）。

四乙氧基硅烷富锌潮气固化涂料（无机富锌硅酸盐涂料）：四乙氧基硅烷虽非有机硅氧烷，但它也可作为成膜物，特别是用于金属防锈涂料——富锌底漆的成膜物。它是一种无色透明液体，在空气中可被水汽水解为聚硅酸的网状结构而成膜，聚硅酸结构非常复杂，完全水解是得到 SiO_2 和水的基本反应，可以表示如下：

$$2Si(OC_2H_5)_4 + H_2O \longrightarrow (C_2H_5)_3Si—O—Si(C_2H_5)_3 + 2C_2H_5OH$$

为了制备涂料，先在 $Si(OC_2H_5)_4$ 的乙醇溶液中加少量水，使分子量增加至一定程度（用黏度控制），然后加入锌粉，涂布后，醇挥发掉，湿膜从空气中吸水，交联反应继续进行至完全。由于锌粉中含有氢氧化锌和碳酸锌组分，生成的聚硅酸可和它们反应生成硅酸锌，因此富锌漆也可称为硅酸锌漆。这种防腐蚀漆同样可将钢铁表面的铁离子和亚铁离子以硅酸盐形式结合在涂层里。

醇溶性自固型无机硅酸锌涂料的成膜机理是依靠四乙氧基硅烷吸收空气中的水分、发生水解反应，自身产生缩聚，同时与锌及钢铁反应生成复合盐类，故干燥的同时通过化学反应与钢材表面牢固结合[14]。涂装时底材表面处理喷砂要求达到 Sa2.5 级。

无机硅酸锌涂料（水溶性或醇溶性）有很优异的防锈性能，主要原因如下。

（1）涂层中大量的锌粉粒子之间、锌粉粒子与钢铁表面之间紧密接触，起到牺牲阳极保护的作用。

（2）一旦锌粉与空气中的 CO_2、SO_2 或盐分中的 Cl^- 接触逐步生成锌的各种难溶的碱式盐，其会填没涂层中的空隙，而保护下层的锌粉粒子难以进一步作用，进而保护钢材表面。

（3）无机硅酸锌涂层不如有机涂层那样受紫外线照射后容易老化。所以无机硅酸锌涂料是一种性能极为优异的防锈涂料。用作车间底漆的醇溶性自固型无机硅酸锌涂料通常只需涂装 15 μm 厚度就可具有室外暴露达 6～9 个月的防锈能力。

用作重点部位防锈的无机硅酸锌涂料（各种类型）涂装 75～150 μm，具有不低于 10 年，甚至 20 年的保护寿命，是陆地环境室外钢结构优异的防锈涂料。

无机硅酸锌涂料有极好的耐化学溶剂性，因此在成品油船货油舱的涂装中，常用于装载中性的强溶剂液货舱之中。

无机硅酸锌涂料施工后，如需再提高其防锈性能或提高其表面装饰性能，应采用环氧涂料对其表面进行封闭（一般将环氧涂料适当稀释后喷涂），然后再涂装其他表面涂料。油性涂料和油基涂料不能直接涂于无机硅酸锌涂料的表面，因为锌的氧化物会皂化油类、引起涂层剥离。

无机硅酸锌涂料施工时必须注意以下几点。

（1）底材处理必须是喷砂达标（Sa2.5），以确保达到一定的清洁度和表面粗糙度。

（2）装前钢材表面需确保无油、水和其他杂质。涂料不能施工于任何有涂料的表面。

（3）施工厚度应严格按制造厂提供的要求施工，过厚涂装将会发生龟裂，导致前功尽弃。

此外，热喷涂（铝、锌、陶瓷）涂层在很多场合比富锌涂料更有效。但是此类涂料在海水环境下使用，如船体外壳、污水舱、钻井平台等要慎重，长期浸泡于水中，大量锌粉溶解有可能导致底漆膨胀，严重的可造成涂层脱落。目前重防腐涂料体系还需要长效的实际使用数据支持，必须持续进行基础数据的积累和考核。

船舶中最为常见的重防腐涂料均使用环氧树脂防锈底漆，如飞溅区，长期经受海浪的拍打和生产作业中外物的碰撞，同时处于干湿交替环境，既要防腐还必须抗老化，与船舶的水线区相类似，一直是海工装备防腐的难题。目前使用1～2年就需要进行维护，但是在水下进行涂层修复难以保证施工质量，达不到预期效果，因此飞溅区的涂层还应具有较强的抗冲击能力。一般设计采用高强度环氧涂层或是厚膜型环氧玻璃鳞片涂层。厚膜型环氧玻璃鳞片涂料是在环氧树脂内增加玻璃鳞片或玻璃丝，玻璃鳞片的添加可增强涂层的屏蔽性能和机械强度，使涂料具有抗渗透力强、涂层收缩率低、抗热冲击性能优异等特点，局限性在于涂层较硬难以修复，施工时要求一次性成膜。目前飞溅区较常用的重防腐涂层主要是英国的IP、丹麦的Hempel、挪威的Jotun等几家大公司推出的长效防腐涂料产品，这些产品占据了我国海洋防腐涂料的主要市场。在众多的重防腐涂料产品中，Jotun公司的聚酯漆不同于其他含玻璃鳞片环氧漆，是一种快速固化型耐磨聚酯玻璃鳞片厚浆涂料，防腐效果可达30年以上（免维护）。该产品在挪威的Ekofisk油田钻井平台桩腿飞溅区已有30年工程应用先例，适用于离岸海洋工程大型钢铁结构物，流体物资（油、气、水）运输的海底管道、建筑外墙以及桥梁的飞溅区或是无法进行涂层维护的区域。

（1）高固体分聚氨酯重防腐涂料：双组分的涂料由多元醇与异氰酸酯多聚体混合构成，涂装时双管喷枪分别喷出两组组分，在喷枪口混合，迅速引发交联反应，快速成膜，聚合过程持续放热，能够保证高黏度的涂料体系顺利喷涂和流平，形成的涂层能够达到1 mm的厚度，而且成膜性能优越，VOC较低，是符合环保要求的涂料品种。聚氨酯重防腐涂料具有应用适应性较强、更加环保且具有较强附着力与耐磨性、耐腐蚀，并且寿命可长达50年等诸多优点；纯固态聚氨酯重防腐涂料在海洋石油平台和储油罐等装备中的应用非常广泛，且很多船舶也都使用这种涂料进行防腐，如美国海军将纯固态聚氨酯重防腐涂料应用于美国海军军舰中，并将其与聚脲涂料和传统的聚氨酯涂层技术进行了防腐试验对比，发现纯固态聚氨酯重防腐涂料远比其他两者防腐性能优秀得多，这是由于不论是弹性聚氨酯涂层还是聚脲弹性体涂层，其形成的分子结构都是线型的，成膜树脂分子链间的作用力达不到化学键的强度，虽然涂层耐冲击、韧性好，但其附着力和耐腐蚀能力较差。而有化学交联作用的体型结构性聚氨酯涂层则由于涂料分子间交联度高，涂层强度高，稳定性、耐腐蚀能力强，更加符合海洋工程装备的防腐需要。

（2）氟碳重防腐涂料：氟碳涂料是一种改性氟树脂，它作为新型涂料具有较高的耐久性，并且氟碳涂料中存在键能超强的碳氟键，保证了氟碳涂料在稳定性上的表现，这一高能键的存在还使得氟碳涂料比聚酯涂料等具有更强的耐腐蚀性和耐磨性。海洋运行环境非常严酷，氟碳涂料可以保护设备运行长达 20 年后外涂层依然完好，其防腐表现非常优良，在海洋工程的钢结构防护中，氟碳涂料是非常好的防腐涂料选择，同时由于氟碳涂料还具有非常好的耐酸碱和化学品腐蚀的性能，所以在需要保护船舱不受液体腐蚀时也可以应用。

典型的配套重防腐涂装案例如下。

（1）沿岸和离岸风电铁塔用涂料体系。作为清洁能源的重要战略方向，风电尤其是沿岸风电开发是重点，目前普遍安装功率大于 6 MW 的大型机组。塔高大于 60 m，叶片长大于 50 m，对涂料性能要求极高，寿命要求大于 20 年。塔身外部采用环氧富锌或喷铝底漆 + 环氧中间层 + 耐候面漆，塔内面不加面漆，通常需通过我国船级社标准检测和认证。而叶片涂料采用耐候聚氨酯弹性体或聚脲体系，集中了多种重防腐涂料，以保证风电铁塔长效安全。

（2）港珠澳大桥钢箱梁涂层配套方案和杭州湾大桥混凝土防护涂层配套方案。表 3-4 为港珠澳大桥钢箱梁涂层配套方案，表 3-5 为杭州湾大桥混凝土防护涂层配套方案。

表 3-4　港珠澳大桥钢箱梁涂层配套方案

项目	品种	最低膜厚/μm	道数
外侧	环氧富锌底漆	100	2
	环氧云铁中层漆	200	2
	氟碳面漆	80	2
	合计	380	6
内侧	环氧富锌底漆	80	1
	环氧厚浆漆	120	1
	合计	200	2

表 3-5 杭州湾大桥混凝土防护涂层配套方案

项目	表湿区涂层厚度/μm	表干区涂层厚度/μm	索塔区涂层厚度/μm
湿固化环氧封闭漆	＜50		
湿固化环氧底漆	＜310		
聚氨酯面漆	90	90	
环氧封闭漆		＜50	＜50
环氧底漆		＜260	＜310
氟碳面漆			70
总干膜平均厚度	400	350	350

在钢结构上厚膜的环氧涂料是重防腐的主角。

3.7.2 涂料配套向宽表面容忍度方向发展

良好的表面处理是涂料性能得到充分发挥的根本保证，因此船舶涂装在这方面有严格的规定，舰艇涂装前表面处理等级一般参照瑞典标准 SIS 055900—1967 的规定，常用的有 Sa2.5、St3 和 St2 三个等级，分别对应于喷砂除锈、电动或气动机械工具除锈和手工工具除锈三种表面处理工艺。从理论上讲，表面处理应尽可能达到 Sa2.5 级：表面洁净干燥，无肉眼可见的灰尘、水分和油污，呈现金属光泽，有均匀适当的粗糙度。对船体外壳等大面积均匀部件，通过机械喷砂均能够得到保证，但是对船体内部，如复杂舱室，边角、转角等异形部位，往往只能手工除锈，只能达到 St3 级，甚至仅能达到 St2 级，这种状况下涂装保护性能无疑会大打折扣。为此能够适应低表面处理要求的涂料一直在研究开发中，如基于锈层转化成膜作用，能够适应微锈表面、带锈涂料、带湿气或带油（油舱维修中）表面上的涂料等，一直在研制开发中，目前已经有局部应用。节能、环保型的低表面处理涂料对表面处理要求低至 ISO 8501-1 St2 级，可在带微锈表面、潮湿表面、大多数旧涂层表面涂装，具有优异的附着力（＞10 MPa），底涂层与多种面漆具有良好的配套性，有的还具有底、面两用漆的作用。整体以环氧涂料为主，还有丙烯酸、双组分聚氨酯及单组分湿固化聚氨酯涂料等，如上海外高桥港区港机使用上海振华重工（集团）股份有限公司开发的环氧带锈底漆，涂装近 5 万 m^2，效果良好。

3.7.3 环境友好型绿色涂装技术

随着人类对环境保护的重视，船舶在涂装前处理中，除锈粉尘对人体有危害、对环境有污染；涂装作业中，涂料、基料、颜料和溶剂中的某些成分对人体有危害、对环境有污染。绿色涂装主要包括：开发使用绿色涂料，如开发和推广应用低溶剂或无溶剂涂料，开发和推广应用水性涂料；使用可再生和可回收的原材料；开发和推广使用更为环保的表面预处理方法、减少并最终消除表面预处理对环境造成的有害影响，其目标不但是要保证施工人员的健康，而且要减少表面预处理产生的有害废料的总量；发展低表面处理防腐涂料。

如低 VOC 的高固体分涂料、粉末涂料在重防腐领域如甲板、液舱等得到应用，生活舱涂料向水性化方向发展等，均是绿色涂装技术的体现。

典型的如喷涂聚脲弹性体（spray polyurea elastomer）技术是国外近年来为适应环保要求而研制开发的一种新型无溶剂、无污染的喷涂施工技术，它是在反应注射成型的基础上发展起来的，曾经历了纯聚氨酯、聚氨酯/聚脲、纯聚脲三个阶段，在纯聚脲体系中，使用了端氨基聚醚和胺扩链剂作为活泼氢组分，与异氰酸酯组分的反应活性极高，无须任何催化剂，即可在室温甚至 0℃以下瞬间完成反应，从而有效地消除喷涂聚氨酯弹性体过程中因环境温度和湿度的影响而发泡、造成材料性能急剧下降的致命缺点。目前国内也有相应的体系开发。

水性化涂料也是符合环保要求的重要方向，是涂装工程实现节能、减排的重要手段之一，水性涂料的开发与推广应用受到了国家和相关单位的高度重视，如在船舶的起居舱室、压载舱、饮水舱、机舱及底层舱使用单组分的乙烯基丙烯酸或双组分多元胺固化水分散环氧底漆与异氰酸酯交联含羟基官能团的丙烯酸面漆，可减少 VOC 排放，提高生产效率。水性车间底漆也处于应用推广阶级，除上述优点外，还可以优化焊接、切割速度，加速生产过程。水性涂料在装饰性涂装上已经得到普遍使用，如丙烯酸类的内墙涂料等，且在防腐领域性能不断提高。当然水性涂料对施工环境的依赖性更强，如何保证在高湿、低温及封闭环境下获得性能良好的涂层是水性防腐涂料未来需着重解决的问题。

3.7.4 功能涂料的广泛应用

舰船是一个特殊的多功能集成载体，所使用的涂料品种复杂，尤其是能起到各种特殊作用的涂料，特别是在隐身、反隐身等关键性技战术指标上有效果的产品，均是必须重点攻关的内容，且随着技术进步，使用的品种会越来越多。在此选取几个典型品种加以介绍。

1. 耐温涂料

耐温涂料主要用于排烟管、动力装置热交换管道、导弹发射架等发热严重部位，一方面保护装备的安全，同时也能够抑制装备的红外发热性能，需要能够常温固化、常规施工、耐高温兼具防腐功能，如美国 ORPAK 的高温陶瓷 PYRRHOS-1600 可耐温 850℃，可喷涂或刷涂；国内也开发有以有机硅树脂、空心玻璃微珠和硅酸铝隔热纤维制备的有机硅耐温涂料，能够满足蒸汽动力装置高温管路、排烟管的保温隔热要求。

2. 可见光、红外、雷达波和激光伪装涂料

在战时，伪装涂料能有效地降低舰船被发现和被导弹攻击的可能性。因此，可见光伪装涂料也称迷彩涂料，主要是制造与背景相似的色彩和亮度，如陆上装备一般采用接近树木、山丘颜色的 3～4 色混拼，舰船装备则采用与海水接近的蓝灰和深灰等单色。红外隐身涂料利用热屏蔽、低发射、辐射转移等材料达到降低红外辐射特征的效果。雷达波吸收涂料利用“谐振”和“吸收”材料使雷达波反射率降低。激光隐身涂料就是消除或削弱激光的反射强度。在隐身设计中，形状和材料设计是第一位的，涂料作为一种必要的辅助隐身手段也得到了广泛的应用，目前具有隐身功能的英国 23 型导弹护卫舰、德国 MEKO 系列驱护舰和“加利法克斯”级驱逐舰、日本“雨村”级和“金刚”级驱逐舰、美国“阿利·伯克”级驱逐舰和“埃拉特”级护卫舰、法国“法拉耶特”级护卫舰、瑞典“斯米奇”隐身舰、俄罗斯“基洛夫”号导弹巡洋舰和“无畏”级护卫舰等已相继投入现役。更先进的英国“海幽灵”号、美国 DD21 陆地攻击驱逐舰、瑞典“瑞斯比”轻型护卫舰正在加速研发中。隐身技术研究的方向是复合隐身，要同时兼具多种隐身功能，如可见光、红外和雷达波综合隐身涂料、红外和激光兼容伪装涂料等，而雷达波隐身涂料向宽频和多频发展。如瑞典最新开发出的 BMX-ULCAS 多波段超轻型伪装网，具有可见光、红外和毫米雷达波的综合隐身功能。德国将多波段隐身材料与热红外、微波、毫米波低反射材料结合研制出多频谱隐身涂料。美国利用 5～75 μm 直径的镀金属微球等技术研制出了 1～100 GHz 的宽频隐身技术。与之相比，国内在多功能和宽频技术上尚存在较大差距。

3. 飞行甲板涂料

现代大型船舶上往往有供舰载机使用的飞行甲板[15]，如驱逐舰有直升机平台，航母则有战斗机飞行甲板，现代舰载机可装载各种空舰导弹、空空导弹、鱼雷、水雷及电子干扰、侦察设备等，能完成反舰、反潜、空中格斗和电子战，夺取海上制空权和制海权，支

援登陆和抗登陆作战等多种作战任务，因而现代舰载机已成为各国海军举足轻重的海上作战力量。图 3-8 为甲板涂料的应用。

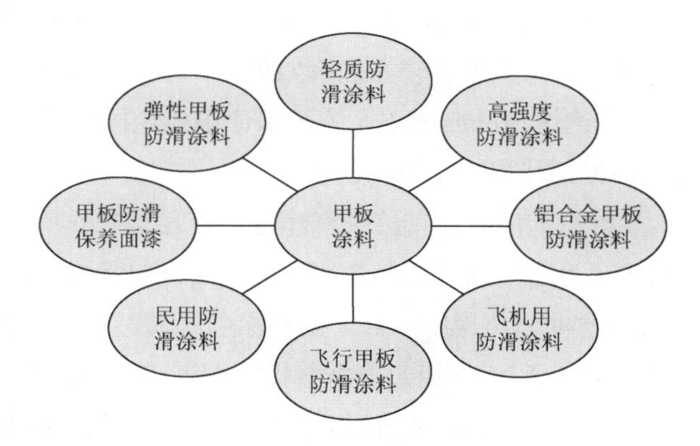

图 3-8 甲板涂料的应用

飞行甲板作为舰载机起降的主要平台，起到可移动的简易海上飞机场的作用，其甲板表面维护保养的好坏直接影响日常训练和战斗任务是否能正常进行。图 3-9 为甲板平台停机坪。因此，供舰载机使用的飞行甲板涂料是直接关系到战斗力的重要保障之一，也是极富挑战的高性能涂料之一。此类涂料有特殊的性能要求，涂料技术面临着严峻的挑战。

图 3-9 甲板平台停机坪

1）飞行甲板环境的特殊性

舰载机按起降方式，分为常规起落飞机、垂直/短距起落飞机和直升机。一般说来，对于小型航母而言，多采用垂直/近距起降方式，如英国的“无敌”级航母等；对于中型航母而言，多采用高性能常规起降方式（如弹射起飞、拦阻着舰方式），如美军的大多数航母。不管采用什么样的起降方式，对于航母甲板涂层，主要有如下几方面的要求。

（1）耐冲击性。舰载机在航母上的降落和一般的机场降落不同，飞机在着陆时不但不减速反而全速前进，防备在万一勾不住阻拦绳时，能有足够再次起飞的动力。据资料介绍，垂直/近距舰载机具有较小的起降速度，着舰下沉速度达到 7.3 m/s，远大于陆基飞机的 2.6 m/s。而对于重型舰载机，起降性能较好的，如英国“海鹞”式飞机最大起飞质量 8～10 t，载弹量约 3 t，着舰速度达 50 m/s 左右。为了保证甲板涂层经受住舰载机瞬间高速冲击力，对涂料涂层的抗冲击性能提出了很高的要求。

（2）抗冲耐久性。舰载机起降时，飞机引擎叶轮比较容易受外物的伤害，即使是一个微小的螺栓也可能摧毁整个引擎。而通常情况下，两架飞机起降的时间间隔很短，往往只有 45 s 左右，如果涂层的抗冲耐久性能不好，破损涂层极易对起降飞机造成致命损伤。

（3）耐高温冲刷性。对于垂直/近距起降舰载机，如英国“海鹞”式垂直起落战斗/攻击机进行垂直起降时，位于机腹下的 4 个发动机喷口向下旋转 90°以上，发动机向下喷气，使喷气流垂直向下，形成 4 根强劲有力的气柱，使飞机像火箭一样拔地而起或像“阿波罗”号宇宙飞船登月舱在月球上软着陆一样垂直降落。因此，还需要涂层具有一定的耐高温冲刷性。

根据上述环境特性，对应的甲板涂料必须有特殊的性能。

2）飞行甲板涂料的特性要求

分析甲板涂料的超高性能要求，是对传统涂料技术的挑战。为了应对这一挑战，在沿用传统涂料技术的经验基础上，特别引入能够显著增强防滑、耐磨和抗冲击性能的防滑颗粒物质。

飞行甲板涂料主要由防滑粒料、成膜树脂等组成。防滑粒料是提高涂层防滑性能的添加剂，赋予涂层防滑能力；成膜树脂具有固定防滑粒料的作用，同时保护底材不受破坏，赋予涂层各方面优良的综合性能。作为一种特殊的涂料品种，除具有普通涂料必需的基本性能外，还具有一些特殊性能。

（1）良好的弹性和柔韧性。飞行甲板常年暴露在严酷的海洋环境中，昼夜温差和季节变化造成钢结构热胀冷缩形变，若涂层的弹性和柔韧性不足，这种形变必然会导致涂层开裂、剥离和脱落。另外，舰载飞机在甲板上起降时，对涂层产生极大的冲击能，需要一定的弹性缓冲，而且飞行甲板涂层一般较厚，柔韧性不足会导致涂层开裂。

（2）优良的防滑性和耐磨性。飞行甲板涂层的摩擦系数一般要求在 0.7 以上，摩擦系数越大，防滑性越好，才能有效防止因舰船颠簸造成的飞机侧滑和人员摔伤。同时，甲板也是飞机起降和人员活动频繁的地方，涂层优异的耐磨损性，可减少涂层的磨损，延长涂层的使用寿命。

(3) 耐海洋性气候影响。高盐、高湿、高温差的海洋性气候使得钢底材的腐蚀加剧，涂层良好的附着力和密封性，能阻止水汽和盐雾的渗透，确保钢底材不受腐蚀。

(4) 优良的防护性能。较长使用寿命的涂层不仅耐日光曝晒，耐干湿交替变化，耐海水浸湿，还要耐油污，能用洗涤剂液进行简单方便的清洗。飞行甲板面积很大，涂装一次费工费时，用料量大，因此使用寿命越长越好。

(5) 耐高温抗冲刷性。垂直/短距起降舰载机靠向下的热喷气对甲板产生巨大的反冲力而起降，其尾焰温度较高，冲刷力较大。

(6) 踩踏舒适性。飞行甲板也是船员经常活动和行走的地方，涂层的踩踏舒适性是很重要的。

3）飞行甲板涂料的研究

飞行甲板涂料的研究是在全面承接现有涂料技术的优势基础上，开发高性能树脂和功能颜填料，综合成膜树脂、颜填料和功能助剂、涂装工艺等多方面的技术，逐步发展和满足使用要求的过程。下面简单概述此类涂料的研究发展。

首先成膜树脂的选择基本上集中在增韧环氧类树脂（环氧聚酰胺、聚氨酯增韧环氧等），随着高性能树脂的开发其性能也与时俱进地提升，另外就是赋予涂层突出耐磨、耐滑性能的颗粒性填料（早期是简单的黄砂、水泥，后来陆续开发了石英砂、金刚砂甚至碳化硅）。这些功能助剂的引入，显著提升了涂料的耐磨、耐滑和抗冲击性能。

这类涂料为了保证整体耐磨、防滑，一般采用复合结构：底层为附着力突出的防锈底漆，表面再辅以含颗粒的功能面层，以综合发挥各类涂层的优势，综合保障涂装体系满足性能要求。

甲板防滑涂料体系中涂料均为双组分体系。图 3-10 为甲板防滑涂料体系示意图。

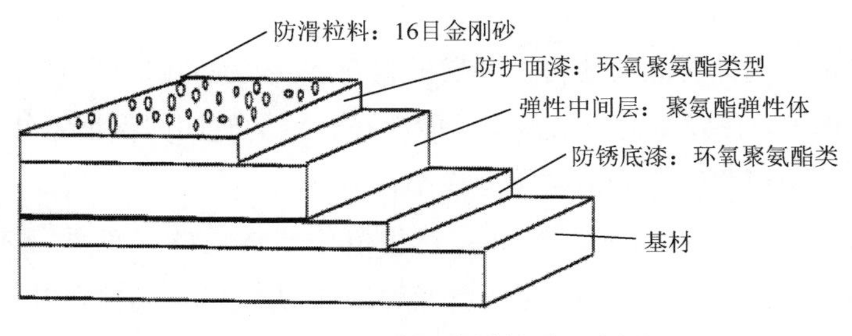

图 3-10 甲板防滑涂料体系示意图

为了保证足够的厚度，此类涂料均采用高固体分涂料体系，因此呈现颗粒感的面层基本是由涂装过程逐层施工实现的：采用橡皮刮刀，每层均刮涂，厚度可达 1～2 mm，多层刮涂直至达到要求厚度。而且面层在每次使用后，要进行严格的检查，及时修复有缺陷的表面，以确保使用时不会有微小的颗粒、碎片出现而影响飞机的安全性。面层的清洁、保养是甲板日常重要的维护保障工作。

典型的飞行甲板涂料品种，如美国 AST 中心生产的 EPOXO300C 甲板涂料，采用特殊的聚氨酯增韧环氧作为成膜树脂，引入具有金刚石级硬度的氧化铝型耐磨粒料，在水、油状态下摩擦系数几乎不变，耐热喷气能力、耐化学品能力强，且附着力好，主要用于美国海军全部航空母舰飞行甲板和 90%以上大型舰船甲板，是安全保障性最高的涂料品种之一，这种涂料摩擦力大、耐久性长，已应用 20 年。图 3-11 为机库的图片。

图 3-11 机库

4. 防火涂料

火是人类生存的条件之一，也是重大的安全隐患，预防火灾工作是涉及国计民生的大事。随着建筑的高层化、集群化，大型工业场所，特别是非金属类有机材料的广泛应用，预防火灾的要求越来越高。

防火涂料就是人们针对火灾危害而开发的材料。防火涂料又称阻燃涂料，其作用是涂覆在被保护的基体上，在发生意外燃烧时，能够在一定的时间内保证基体结构的稳定，延缓发生灾难性事故如坍塌等，为消防等工作赢得时间。

其作用原理基于两点：首先，涂层完整包覆住基体设备、部件，本身具有不燃性或难燃性，连带被保护设备一定程度上也能够防止被火焰点燃；其次，如果燃烧难以避免，则通过涂层的燃烧作用，能够阻止明火的蔓延或者对燃烧的拓展有延滞作用，即在一定的时间内阻止燃烧和抑制燃烧的扩展，从而保证人们有一定的时间进行灭火式逃生[16]。

随着此类涂料性能的不断优化提高，其效果显著，使用简便，适应性广。目前防火涂料已经成为基本的消防措施，对大型建筑、装备等均有明确的要求，在公用建筑、车辆、飞机、船舶、古代建筑和文物保护、电器、电缆、仓库、包装、军工、宇航等方面都得到广泛的应用。

要了解防火涂料的作用原理，首先要掌握燃烧过程的特征。燃烧原理：燃烧是一种发光发热的化学现象。它必须同时具备三个条件：可燃物质、助燃剂（如空气、氧气、氧化剂等）和火源（如火焰或高温作用）。三者缺一不可，如缺少其中一个条件或者它们之间不能直接接触，燃烧便不能发生或者燃烧立即熄灭。这也为防火技术提供了基本的思路。

木材、纸张、织物、有机聚合物等固体有机可燃物的燃烧过程，先是有机可燃物在高温或火焰的作用下，受热发生分解，放出可燃性气体并放出热量。当可燃性气体和空气混合达到一定的浓度和燃点（燃点：物质燃烧需要的最低温度）后，遇到明火则立即燃烧。当温度达到自燃点（自然点：自发燃烧的最低温度）后，即使没有明火点燃也能发生燃烧。

物质燃烧时释放出大量的热能，引起周围的可燃物质发生热分解和燃烧，从而使燃烧不断蔓延扩大。热量的传播是燃烧蔓延的重要方式。可燃性物质的燃烧过程如图3-12所示。

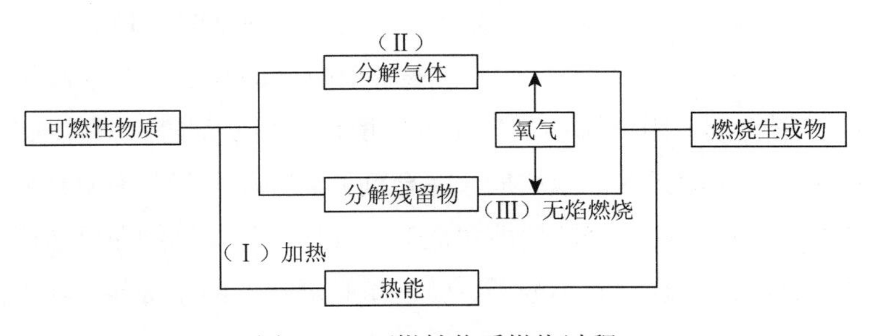

图3-12 可燃性物质燃烧过程

根据燃烧原理，防火思路包括：首先，提高涂层物质的难燃程度，提高其燃点和自燃点；其次，将燃烧的三个因素隔离开来，使短时间内燃烧条件难以完全满足，延缓燃烧时间。

涂料作为有机物，本质上是可以燃烧的，其自身的不燃性和难燃性是指在空气中受到火焰或高温作用时，难起火、难微燃，当火焰源移走后，燃烧或微燃迅速停止。要达到这一目的可以通过以下途径来实现：向有机聚合物分子中引入难燃的元素，在涂料中加入难燃剂，或者是两者并用。具有难燃作用的元素，主要有元素周期表中ⅢA族的硼、铝，ⅤA族的氮、磷、砷、锑，ⅦA族的氟、氯、溴、碘等。其中磷、溴、氯、锑等效果最好。当然难燃剂在高聚物中的浓度必须达到足够大，才能使有机聚合物具有难燃自熄效果。隔离作用则是难燃涂层先将可燃物表面封闭起来，避免与空气接触，使其变成难燃或不燃的表面。当燃烧发生后，为了阻止燃烧的蔓延扩大，必须隔绝对被保护物体的任何形式的热量传播。热量传导需要介质来完成，在真空中热量是难以传递的，如真空杯等可以保温保冷均是因为双层结构中存在真空层，理论上杜绝了能量的传递。

物质对热量的传递由物质的组成、结构等本性决定，金属、液体等均质物质的传导能力一般比较强，气体物质由于结构松散，其传导能力就较弱，特别是夹杂有气泡的中空的物质结构，对热量的传导能力小，其传导系数远远低于不含气泡的结构。基于这一原理，人们设计开发了极为有效的防火涂料——膨胀型防火涂料，其基本设计是当正常的涂层遭遇加热、燃烧时，涂层厚度可以借助燃烧过程在短时间内的极度膨胀，增厚到原来的几十倍，结构中含有大量的有机物燃烧分解的气泡产物，保护基体表面形成致密、完整的膨胀隔离层，而且其传导系数仅仅是原有涂层的几十分之一，这个膨胀层对基体提供了一个致密、完整、传热系数极低的隔离保护层，利用高导热和高反射性能的涂层排出热量，利用吸热的化学反应抵消外部热源的作用等以达到防火目的，相关原理见图 3-13。

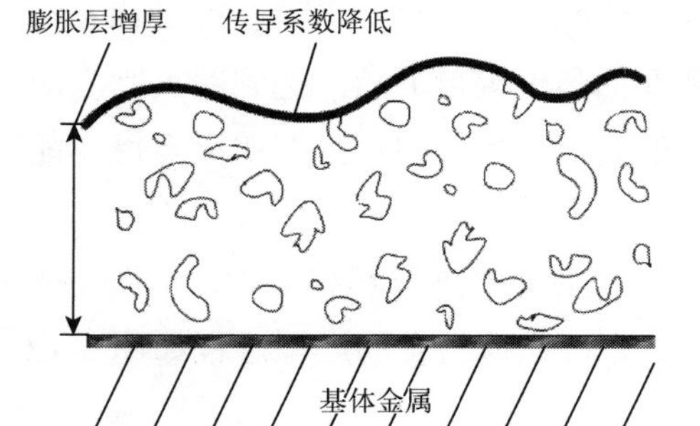

图 3-13 膨胀型防火涂料的膨胀原理

膨胀型防火涂料通常含成膜树脂、发泡剂、成炭剂、脱水成炭催化剂、阻燃添加剂、无机颜填料、辅助剂等。具体成分如下。

（1）成膜树脂。防火涂料的成膜树脂（黏合剂）需要尽可能具有难燃特性的品种，如分子链结构比较稳定、耐热性较好的酚醛树脂等，而且这些有机物在受热膨胀反应中能够尽可能热分解为 CO_2、NH_3 等气态小分子，促进膨胀隔热层的生成等，在产品开发时均要进行专门的研究。

（2）脱水成炭催化剂。脱水成炭催化剂的主要功用是促进和改变涂层的热分解进程，如促进涂层内含羟基的有机物脱水形成不易燃的三维空间结构的炭质层，减少热分解产生的可燃性焦油、醛、酮的量，阻止放热量大的炭氧化反应发生等。

磷酸、聚磷酸、硫酸、硼酸等的盐、酯、酰胺类物质，只要在 100～250℃下可分解产生相应的酸，都可作为脱水成炭催化剂。磷酸的铵盐、酯等是比较理想的脱水成炭催化剂，又是多效的防火剂。常用的有磷酸二氢铵、磷酸氢二铵、焦磷酸铵、磷酸三聚氰胺、多聚磷酸铵、有机磷酸酯等。它们对脱水成炭反应的催化作用，以磷酸二氢铵为例，差热分析表明，它在 160℃脱氨生成磷酸，继而生成多聚磷酸，再与含羟基的有机物（如多元醇、淀粉、酚醛树脂、环氧树脂等）反应（图 3-14）。

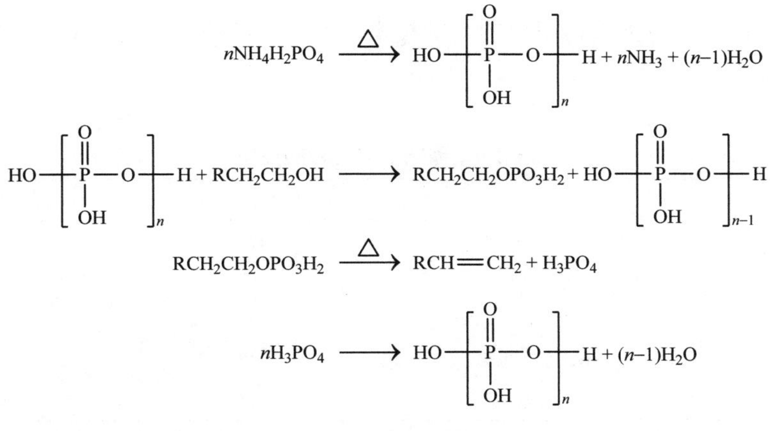

$$n\mathrm{NH_4H_2PO_4} \xrightarrow{\triangle} \mathrm{HO}\!-\!\left[\mathrm{P(=O)(OH)}\!-\!\mathrm{O}\right]_n\!\!-\!\mathrm{H} + n\mathrm{NH_3} + (n-1)\mathrm{H_2O}$$

$$\mathrm{HO}\!-\!\left[\mathrm{P(=O)(OH)}\!-\!\mathrm{O}\right]_n\!\!-\!\mathrm{H} + \mathrm{RCH_2CH_2OH} \longrightarrow \mathrm{RCH_2CH_2OPO_3H_2} + \mathrm{HO}\!-\!\left[\mathrm{P(=O)(OH)}\!-\!\mathrm{O}\right]_{n-1}\!\!-\!\mathrm{H}$$

$$\mathrm{RCH_2CH_2OPO_3H_2} \xrightarrow{\triangle} \mathrm{RCH{=}CH_2} + \mathrm{H_3PO_4}$$

$$n\mathrm{H_3PO_4} \longrightarrow \mathrm{HO}\!-\!\left[\mathrm{P(=O)(OH)}\!-\!\mathrm{O}\right]_n\!\!-\!\mathrm{H} + (n-1)\mathrm{H_2O}$$

图 3-14 磷酸二氢铵受热分解反应

反应过程中多聚磷酸重复生成，它是很强的脱水剂，在反应中能脱出大量的水，从而改变了有机物热分解反应的化学历程，使含羟基的有机物脱水反应生成不饱和的主链，再由环化架桥反应，形成炭化层。它对木材（纤维素、淀粉）的脱水成炭反应如图 3-15 所示。

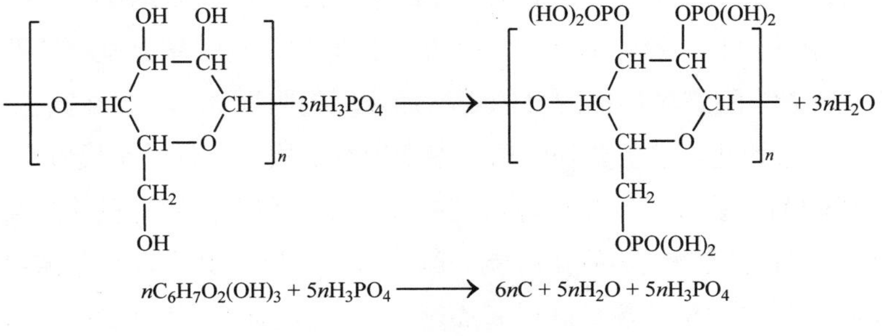

$$\left[\!-\mathrm{O}-\mathrm{C_6H_7O_2(OH)_3}-\right]_n + 3n\mathrm{H_3PO_4} \longrightarrow \left[\!-\mathrm{O}-\mathrm{C_6H_7O_2(OPO(OH)_2)_3}-\right]_n + 3n\mathrm{H_2O}$$

$$n\mathrm{C_6H_7O_2(OH)_3} + 5n\mathrm{H_3PO_4} \longrightarrow 6n\mathrm{C} + 5n\mathrm{H_2O} + 5n\mathrm{H_3PO_4}$$

图 3-15 磷酸对纤维素的脱水成炭反应

以上反应过程中生成的磷酸，在高温下形成难挥发的多聚磷酸，其是黏稠状的熔融体。它可以将炭化物表面覆盖，防止氧扩散到碳的反应层中而引起放热量大的氧化反应。

早期采用磷酸二氢铵、磷酸氢二铵等作为脱水成炭催化剂，但它们的水溶性较大，涂层的耐水性和耐久性较差，为此开发了多聚磷酸铵产品，耐水性技术关键得到了重大的突破。多聚磷酸铵是无机高分子缩合物，它是没有支链的大分子，其聚合度 n 为 20～200，含磷量高达 32%，超过已知的所有含磷阻燃剂，且水溶性小，热稳定性高，已被广泛用于防火涂料之中，其性质见表 3-6。各种磷铵系化合物还可以作为涂层的发泡剂，对泡沫炭化层的形成起着关键的作用，并对无焰燃烧和有焰燃烧都有抑制作用。防火涂料中脱水成炭催化剂是膨胀型防火涂料研究的关键技术，还在持续开发研究之中，表 3-6 为磷铵系化合物的性质。

表 3-6 磷铵系化合物的性质

名称	分子式	分解温度/℃	水溶性/(g/100 g 水)
磷酸二氢铵	$(NH_4)H_2PO_4$	150	27.2
磷酸氢二铵	$(NH_4)_2HPO_4$	87	40.8
磷酸尿素	$CO(NH_2)_2 \cdot H_3PO_4$	130	52
多聚磷酸铵	$(NH_4)_{n+2} \cdot P_n \cdot O_{3n+1}$	212	1.5
磷酸三聚氰胺	$C_3H_6N_6 \cdot H_3PO_4$	约 300	0.8

（3）成炭剂。成炭剂是形成三维空间结构不易燃的泡沫炭化层的物质基础，对泡沫炭化层起着骨架的作用。它们是一些含高碳的多羟基化合物，如淀粉、糊精、甘露醇、糖、季戊四醇、二季戊四醇、三季戊四醇及含羟基的树脂等。其中常用的有季戊四醇、二季戊四醇、淀粉等。这些多羟基化合物和脱水催化剂反应生成具有多孔结构的炭化层。

（4）发泡剂。发泡剂的作用是保证涂层遇热时，能放出不燃性的气体，如氨、二氧化碳、水蒸气、卤化氢等，使涂层迅速膨胀，并在涂层内形成海绵状结构。常用的发泡剂有三聚氰胺、六亚甲基四胺、氯化石蜡、碳酸盐、偶氮化合物、聚氨基甲酸酯等。

（5）阻燃添加剂。阻燃添加剂的目的是增加涂层的阻燃能力，并在其他组分的协同作用下，实现涂层的难燃化。它主要是含磷、卤素的有机成分，可以是反应引入或者直接添加，如多元醇磷酸酯、磷酸三甲酚酯等，其中以溴化物和卤代的有机磷酸酯等效果最好。

作用机理：有机可燃物受热氧化时能分解成多种基因，其中，羟基游离基能量很大，而且在燃烧反应中放出大量的热量并引起连锁反应，从而促进了燃烧的进程，其反应如下：

$$CO + \cdot OH \longrightarrow CO_2 + H\cdot \text{(放热)} \quad H\cdot + O_2 \longrightarrow \cdot OH + O\cdot \text{(连锁反应)}$$

加入含卤素的有机物可以阻止连锁反应发生，因为含卤素的有机物在高温下能分解出卤化氢捕捉羟基游离基，使连锁反应终止，从而有效地阻止了有焰燃烧的发生：

$$\cdot OH + HX \longrightarrow H_2O + X\cdot \quad X\cdot + RH \longrightarrow HX + R\cdot$$

同时这类添加剂结构中的有机磷酸酯又可以起到脱水成炭的作用。

防火涂层中的成分：树脂（黏合剂）、脱水成炭催化剂、成炭剂、发泡剂、阻燃添加剂等，往往不止起一种作用，有可能是双重甚至三重作用。例如：氯化石蜡既是发泡剂，又是成炭剂，同时也是阻燃添加剂；多聚磷酸铵既是脱水成炭催化剂，又是发泡剂和阻燃添加剂。

通过上述不同组分的综合作用，膨胀型防火涂料能够做到遇小火不燃，离火自熄。在较大火势下能阻止火焰蔓延，减小火苗的传播速度，发挥出高效的防火作用。

思 考 题

1. 简述船舶涂料的特点及要求。

2. 简述船舶涂料的分类及主要类别。

3. 举例说明典型的船体水下部位的涂料体系。

4. 指出下列涂料的特性：压载水舱涂料、甲板涂料、饮水舱涂料、油舱涂料、防污涂料、船壳面层涂料。

5. 详细阐述防污涂料的作用原理、组成特点。典型防污剂的主要品种有哪些?

6. 简述有机锡高聚物的设计思想、合成反应、防污作用机理。

7. 请说明无机锡自抛光防污涂料的设计思路、作用机理及技术特点。

8. 羟基吡啶硫盐 $C_{10}H_8N_2O_2S_2Zn$ 在防污涂料中有什么作用?

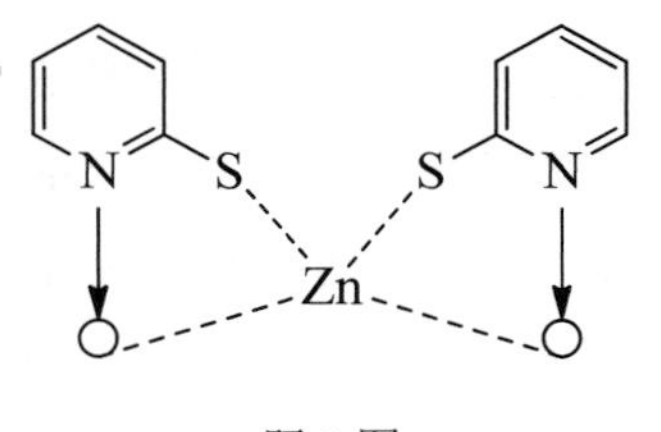

题8图

9. 请举例说明部分可水解树脂在防污涂料中的重要应用。

10. 举例说明多种防止海生物污损的思路及方法。

11. 简述飞行甲板涂料的要求，并举例说明。

12. 详细说明环氧涂料的结构特点，以及环氧涂层具有突出附着力的原因。

13. 举例说明重防腐涂装体系的要求。为何环氧涂料体系在这一领域“独占鳌头”?

14. 说明膨胀型防火涂料的组成及防火原理。

15. 简述醇溶性无机硅酸锌涂料的成膜原理，此类涂料具有突出防锈性能的原因是什么?

16. 举例说明有机硅树脂的结构特点及其主要涂料品种、性能特点。

17. 简述水性涂料的含义、水性涂料的分类及水溶性的原理，并举例说明。

18. 举例说明氟碳涂料的特性及作用。

19. 请收集资料谈谈船舶涂料的发展趋势。

20. 收集资料说明船舶等装备上特种功能涂料的应用案例。

第4章

船舶涂装工程

4.1　船舶涂装的特点

由成千上万吨钢铁和数以千计甚至万计的设备、仪表、构件、设施组成的船舶，它的建造是一个非常复杂的过程。造船不可能像在陆地上建造楼房一样，从地基开始一层层地往上堆砌。这是因为船舶建造需要在陆地上，而建成后需要置于水中，这就决定了造船工艺的特殊性，也带来了船舶涂装与一般钢铁构造物涂装的不同点。另外，船舶的庞大与复杂，也给船舶涂装带来了许多难点。不了解船舶涂装的特点，就不能根据它的特点设计；制造出高质量的涂层，因而就不能很好地保护船舶。

1. 船舶涂装贯穿于整个造船过程

造船是一个非常复杂的过程，要经历分段制造预舾装、船台或坞内合拢、下水、码头舾装与系泊试验、试航等过程。而船舶的涂装则要与整个造船工艺过程相适应。在每一个造船工艺阶段中确定其相应的涂装工作内容。从钢材落料加工前开始，一直到交船，整个造船过程均贯穿着涂装。图4-1为船舶涂装的工艺程序[8]。

从船舶涂装工艺程序图来看，造船的全过程中自始至终贯穿着涂装，涂装需要和造船其他工艺协调进行，这本身就是一个系统工程，造船必须十分重视涂装工作。

2. 涂料的多种性

船舶是一个庞大的活动于海洋之中的平台，船体的各部位处于各种不同的腐蚀环境之中。常浸没于海水之中的船底区，有海水干湿交替、含氧充足的水线区、干舷区，有处于海洋大气之中的甲板、上层建筑外部，还有处于特定腐蚀条件下的各种舱室等，这对于不同部位的涂层提出了不同的要求，由此决定了一艘船的涂料不能单纯地使用一两种底漆和一两种面漆，而往往需要几十种涂料加以合理配套。

船舶涂料的多种性决定了施工条件、施工方式、施工工艺和工具设备的不同，需要制定一系列的工艺条件、工艺方法，在不同的工艺阶段进行施工，合理配套，科学施工，才能保证质量良好。

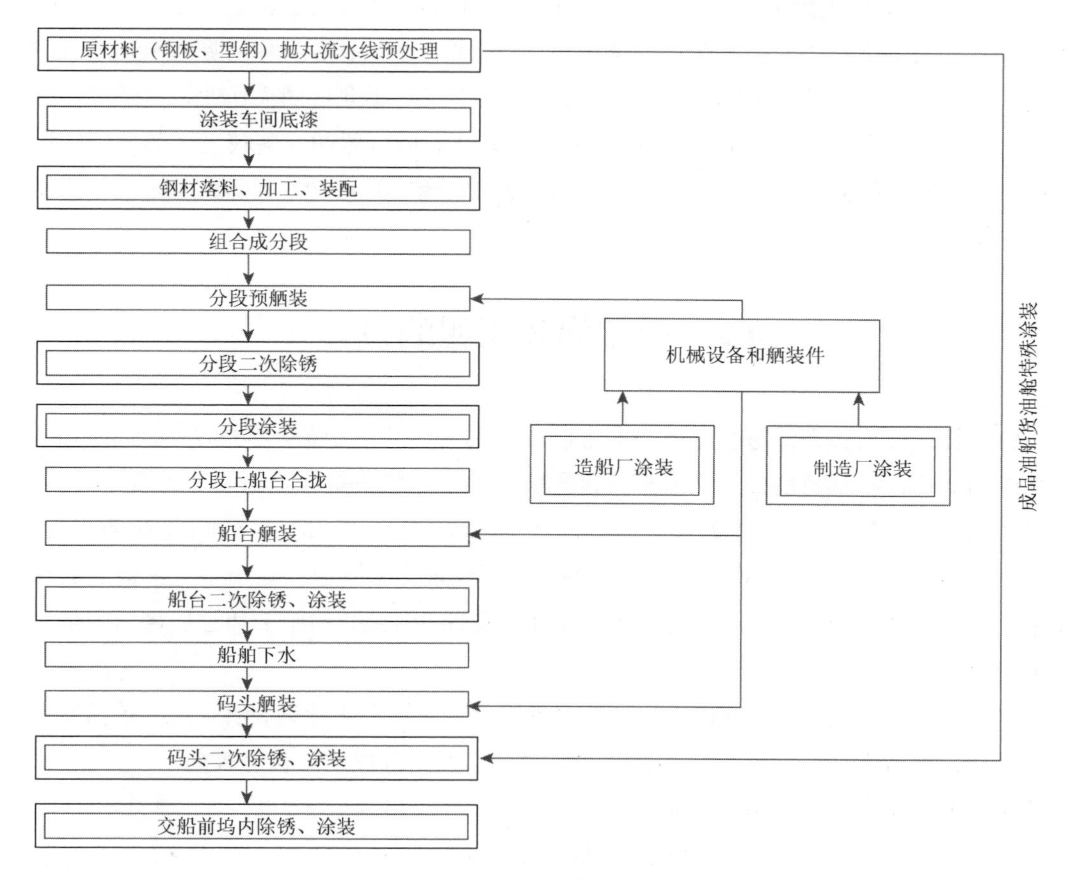

图 4-1 船舶涂装工艺程序

3. 涂装管理的复杂性

由于造船的过程比较长，自始至终都贯穿着涂装，加上船舶涂料品种繁多，所以需要合理地安排涂装作业，做到既使工作量在整个造船过程中分布得较为均匀合理，又不影响造船的其他工种的工作进程；既要保证涂层的厚度和质量，又不造成材料过多耗费；既要抓紧时机施工、缩短整个造船周期，又要符合涂料的工艺要求以确保涂层质量。所以需要对涂料的合理应用、仓库储存、涂层保护、涂装工器具的使用和保养、涂装作业计划安排、劳动力的使用与平衡、涂层质量的检查与验收以及涂装作业的安全与卫生等进行系统的科学管理。

4. 涂装安全的重要性

种类繁多的船舶涂料，几乎都含有易燃的有机溶剂，而船舶的涂装作业，有些要在通风不良甚至几乎是密闭的狭小舱室内进行，且船舶建造过程中难以避免明火作业，如电焊、气割、火工等。虽然规定涂装时，同一地点、时间上绝对不允许明火作业，但是可在相近区域交叉进行，船舶涂装作业时的燃、爆危险性较大，所以船舶涂装较之于其他钢结构物的涂装，更要有严格的防尘、防毒、防火、防爆的安全措施，要做到防患于未然，确保人身和船舶产品的安全。

4.2 船舶涂装工程的设计

将选择的涂料体系涂覆在基体表面上的过程称为涂装。涂装质量的好坏，直接影响涂层性能的优劣，对基材的使用价值有直接影响。关于涂装质量有“涂装三要素”的说法：涂料体系选择及配套设计、涂装工艺设计及实施（涂装工艺）和涂装管理（涂装效果监控、环境管理等）。这三者互相联系、互相影响，共同保证涂装效果，缺一不可。恰当的涂料体系是整个涂装工作的前提，涂装工艺的设计是基础，而精心的施工和过程管理则是涂装效果的根本保证。

综合上述三要素，为达到良好的涂装效果进行的设计称为涂装设计。主要包括涂料品种的选择、涂装方法选定和涂装工艺制订、涂装过程的全程控制管理等内容。

涂装设计通常分为以下几个阶段。

第一阶段：明确涂装标准或等级（类型），了解涂装对象的涂装要求、涂装基体的状态、涂装工作环境条件。

第二阶段：设计选择性能满足要求、经济适宜的涂料配套体系。综合考虑涂料体系性能、配套性、被涂物的使用状况和环境特点，另外特别考虑涂装工艺及施工满足条件，以保证涂装后涂料体系的性能正常发挥。

第三阶段：根据涂装场所，被涂物的形状大小、材质、产量，涂料品种及涂装标准等关系，制定合适的涂装工艺及方法。涂装工艺很多，选择要适当。必须充分了解各种涂装方法的特性，并且熟悉哪种涂装方法最适合该被涂物。

第四阶段：对涂料、底材、涂装环境、涂装方法、施工方案进行比较，结合工程造价，最后选定切实可行的实施方案。涂装工艺和过程质量控制对所形成涂层的性能影响极大，与涂料选择同样重要。涂料性能能否正常发挥，很大程度取决于涂装工艺的好坏。船舶涂装工艺完整流程包括确定涂装方式、制订具体涂装工艺步骤、明确涂层检验方法及要求等，必须编制出规范的涂装工艺技术文件，明确涂装工艺流程中各个环节的技术要求和实施方法，特别是质量控制方法及要求，以指导涂装工艺的各个环节。涂装工艺包括三个步骤：涂装前底材的表面处理、涂料的涂装工艺及实施步骤、涂层干燥及检验。

上述涂装工艺一般根据涂装底材对外观的要求、涂料性能、涂层性能、施工条件等因素综合确定，必须经过所涉及的船东、船厂、涂装施工和涂装监理等各方面的认可，确认各方均必须严格按照技术文件执行，各司其职，全面落实和实施，以确保涂装工艺的质量。

4.3　涂装前底材表面处理的质量评定

涂装前底材的表面处理是整个涂装工作的第一步，对整个涂层质量有很大的影响。钢材表面的防腐蚀涂层的有效保护寿命与许多因素有关[6]，如涂装之前钢材表面处理的质量、所采用的涂料种类、涂层厚度、涂装的工艺条件等。表 4-1 列出了上述各种因素与涂层保护性能的关系。

表 4-1　各因素与涂层保护性能的关系

影响因素	影响程度/%	影响因素	影响程度/%
表面处理质量	49.5	涂料种类	4.9
涂层厚度（涂装道数）	19.1	其他因素	26.5

由上表可见，涂装前钢材表面处理的质量是影响涂层保护性能的最主要的因素。涂装基材的表面处理质量，是确保防腐蚀涂层性能最关键的环节。

4.3.1　底材表面处理的作用

涂装基材的表面处理，俗称“除锈”，它不仅指除去基材如钢材类表面的铁锈，而且包括除去覆盖在钢材表面的氧化皮、旧涂层及沾污的油脂、焊渣、灰尘等污物。

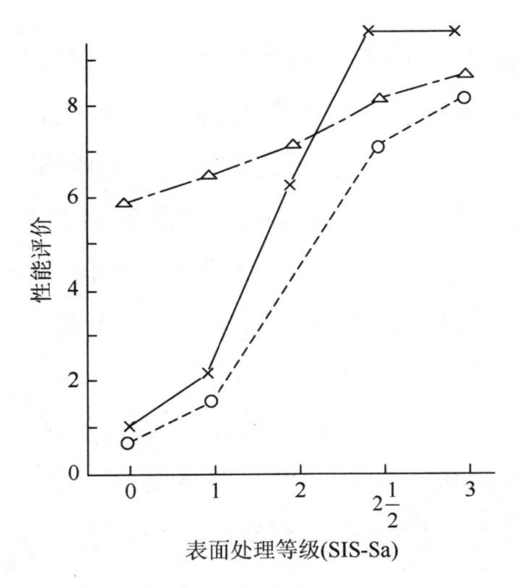

图 4-2　表面处理对涂装性能的影响

此外，通过表面处理，在钢材表面形成一定的粗糙度，以增强涂层与基材的附着力，因此基材表面处理质量主要是指上述污物的清除程度，或称“清洁度”，以及除锈之后钢材表面所形成的粗糙度。

涂装前钢材表面处理质量与涂层保护性能之间有着密切的关系。将船用钢材以不同方式除锈到几个等级，同时按统一方式涂装，制成样板，然后进行挂板腐蚀试验，试验结果见图 4-2。

上述试验结果表明，涂装前如果表面处理作业不彻底，钢材表面仍残留部分氧化皮、锈或其他污物，则必然会影响防腐蚀涂层的保护效果。显然，这种影响正是由上述残留物在涂装之后的破坏作用引起的。

1. 氧化皮对涂层保护性能的影响

氧化皮对涂层保护性能的影响很早就为人们所认识。一般轧制钢材的氧化皮大体上是由三层铁的氧化物组成。表层是 Fe_2O_3，中间层是 Fe_3O_4，紧贴金属表面的是 FeO。Fe_2O_3 在化学上是稳定的，而 FeO 则是很不稳定的。在水和氧的作用下，FeO 很容易水解成铁的氢氧化物。新轧制成的钢材上的氧化皮，虽然看上去是完整的，但是实际上却存在着无数的缝隙，水解作用和腐蚀就从这些缝隙开始，并且这种作用还会沿着金属和氧化皮的界面向内深入，从而在这一界面上生成占有较大体积的锈蚀产物，使氧化皮表面层产生应力，加之氧化皮本身没有延伸性，所以氧化皮很快就会带着外面的涂层一起剥落下来。此外，温度的变化、机械作用等物理因素也会使氧化皮翘起和剥落。从电化学的观点看，氧化皮的电极电位较铁本身要正 0.15～0.20 V，在腐蚀性介质中，要促使铁作为阳极而腐蚀。这种电化学腐蚀，在钢板的大部分表面上仍然附有氧化皮时，会产生危险的结果。因为有氧化皮的部分构成一个大阴极，而氧化皮中的不连续处则成为一个小阳极，这样的腐蚀电池会导致严重的局部腐蚀。因此，氧化层必须清除。

2. 锈蚀产物对涂层保护性能的影响

钢材表面上存在未清除的锈蚀产物或其他污物时，涂层与金属表面之间不能直接接触，涂层的附着力会大为降低，另外锈层中所含的可溶性铁盐，在水分渗透进入后形成可溶性的亚铁盐，这些亚铁盐参与下列循环：本身持续水解、氧化成大量的铁锈，同时还会催化加速基体铁氧化，在涂层/金属界面上形成微区酸化，单调加速涂层下钢板的锈蚀（图 4-3）。

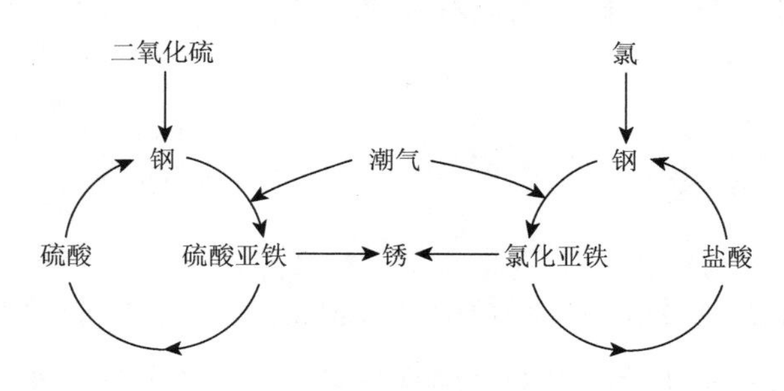

图 4-3　钢板锈蚀的循环过程

经过清洗后，基材表面虽无肉眼可见的锈蚀，但是有些可溶性的无色盐类如铁盐、钙盐、镁盐等，均会通过留滞水分蒸发后残留，它们富集在腐蚀坑底部、缝隙、边角等处，在底材涂装后，被包裹在涂层与底材之间，一旦涂层为外界介质渗透，则重新溶解，会促进界面的电化学腐蚀发生和发展。目前已经制订了底材残留可溶盐的检测方法，以加强对可溶盐的控制，对底材的清洁要求越来越高。

为了防止可溶性的铁盐沾污，钢板在轧钢厂生产后直接进行喷砂清理，并涂装上车间底漆——短期保护涂料，以阻止钢板锈蚀，减少无色铁盐存在的可能性。但还需尽量减少钢材露天堆放的时间，减少钢材的锈蚀程度，这对提高表面处理质量和涂层保护性能是很重要的。

3. 粗糙度对涂层保护性能的影响

涂装前钢材表面粗糙度对涂层保护性能有很大影响。它直接影响了涂层与底材之间的附着力和涂层厚度的分布。

涂层附着于金属表面主要是靠涂料分子与金属表面极性基团的相互作用而产生。这种作用主要属于范德瓦耳斯力范围。钢材在喷砂除锈之后，粗糙度增大，实际的表面积显著增加，涂层与基体钢板的机械嵌合程度显著增强，涂层与基体金属的润湿程度和表面作用力呈现几何数增加，会显著提升涂料与基体涂层附着力。

保证粗糙度的方法是进行喷砂处理，采用特殊的磨料如钢砂等作喷砂，以一定的压力和角度，将喷砂喷射在钢材表面。经过这样的处理后，钢材表面积增加 19%～63%。

喷射除锈，特别是喷射具有棱角的磨料，不仅增加了钢材表面积，而且还为涂层附着提供了合适的表面几何形状。在这样的表面上涂装，涂层与金属表面之间除分子间引力之外，还存在着机械的“铆合”作用。这对涂层的附着是十分有利的；但是如果粗糙度太大，造成涂料对基体润湿性下降，内部存在夹气空间，也会对涂层保护性能带来不利的影响。

4.3.2 表面处理要求

涂装底材的表面处理要求，是涂装最为基础性的重要工作，必须加以规范化、标准化，遵循统一标准及原则。对涂装底材的表面处理要求，国内外均制定了一系列标准加以实施，对军事装备的涂装，也制定了系列国军标标准加以规范化。

如《涂装前钢材表面除锈标准》（ISO 8501-1-1988，同 SIS 055900—1967），这是世界公认的最早关于涂装底材表面处理的标准。这一标准是由瑞典腐蚀协会、美国材料与试验协会和美国钢结构涂装协会协同制定的。随后各国均按照这一标准指定本国标准，如美国 SSPC-VIS 3、日本 JSRA-SPSS 等。我国同样有对应的标准：GB/T 8923.1—2011《涂覆涂料前钢材表面处理　表面清洁度的目视评定　第 1 部分：未涂覆过的钢材表面和全面清除原有涂层后的钢材表面的锈蚀等级和处理等级》。

标准有不同的等级及适用对象：大致上分为国际标准、国家标准（中国用 GB）、行业标准（针对行业特点而指定的标准，针对性强），如 CB/T 3230—2011《船体二次除锈评定等级》为船舶专业标准（船舶行业标准）等。这些标准的制定和实施为涂装底材预处理建立了规范、统一的方法和实施步骤，极大地提升了涂装预处理工艺的要求和水平，为涂装技术水平的提高奠定了基础。

相关标准首先必须全面详尽地描述预处理的全流程，将每一个步骤都规范统一，同时指定切实可行的执行方法和步骤，才能够为大家所接受和认可。

涂装前钢材表面和全面清除原有涂层后的锈蚀等级及预处理等级标准的制定过程：首先分析影响涂装前钢材表面状态的因素（包括：存在铁锈和氧化皮；存在表面沾污物，如盐分、尘埃、油脂等；底材的表面粗糙度）。为了提供评定这些因素的方法，制订包括表面预处理等级、表面粗糙特征、表面清洁度等方面的可执行指标，其中重要的是表面锈蚀等级、钢材表面预处理方法及钢材表面粗糙度等。为了详细描述上述因素，采用了语言详细描述和实物典型照片并列两种方式。

ISO 8501-1-1988《涂装前钢材表面除锈标准》：标准由 24 张彩色照片与文字说明组成，

展示了四个等级的原始锈蚀程度，这些等级用字母 A～D 表示，锈蚀等级以文字叙述 + 典型照片共同定义，文字说明如下，相应照片见相关标准。

A：完全被氧化皮所覆盖，几乎没有什么锈蚀的钢材表面。

B：已开始生锈，并且氧化皮已经开始脱落的钢材表面。

C：氧化皮已因锈蚀而脱落或可以刮除，用肉眼可以看到很小的锈蚀孔的钢材表面。

D：氧化皮已因锈蚀而脱落，并且能用肉眼看到大面积的锈蚀孔的钢材表面。

表面清洁处理有机械喷砂（以 Sa 表示）、人工小型机械（以 St 表示）和火焰燃烧（以 F 表示）三种处理方式，其中火焰燃烧目前很少用。处理等级则分为 1.0、2.0、2.5 和 3.0 四个等级，数值越大则等级越高。一般有条件预处理的均要求达到 Sa2.5 或者 St2.0 等级：表面洁净干燥，无肉眼可见的灰尘、水分和油污，呈现金属光泽，有均匀适当的粗糙度。对船体外壳等大面积均匀部件，通过机械喷砂均能够达到要求的等级，但是对船体内部，如复杂舱室、边角、转角等异形部位，往往只能手工除锈，只能达到 St2.0 等级。表 4-2 为底材预处理等级及表示。

表 4-2　底材预处理等级及表示

除锈方式	等级			
	1.0	2.0	2.5	3.0
Sa	Sa1.0	Sa2.0	Sa2.5	Sa3.0
St	St1.0	St2.0		
F	F1.0			

每一种预处理等级按照原始锈蚀情况和处理等级，可以用字母 + 符号的方式加以描述，如 CSa2.5，表示底材原始锈蚀为 C 级，要求机械喷砂处理达到 2.5 级别。对于造船阶段船底部位，一般都可以满足 BSa2.5，而修船阶段，一般是 CSa2.5，虽然钢板锈蚀比较严重，但是现代化涂装设备的应用，已经能够保证钢板喷砂达到 Sa2.5 的水平。对内舱等只能够以 St 方式预处理的部位，则要求达到 St2.0 等级，专业大厂能够保证此要求。

预处理标准以文字 + 典型图片的方式，将底材涂装预处理的工艺规范化统一起来，这就是国际视野下标准化对行业的促进和提升，船舶涂装行业的标准化走在各行业前列。

相关行业针对行业的涂装工程还有一些独具特色的行业标准，如船舶行业有针对修船涂装的标准（CB/T 3230—2011《船体二次除锈评定等级》）、船舶专业标准（船舶行业标准），在行业内也得到了大力推广和贯彻。

4.4 涂装方式

涂装是使涂料在被涂表面均匀成膜的过程，随着涂料工业的不断发展和人们对涂层的防锈、装饰等性能要求的不断提高，涂装技术也在不断发展提高，涂装方式也日趋多样化、现代化。根据涂装工作的环境、场所，被涂物的形状、大小和涂料的性能、特点，涂装有刷涂、辊涂、压缩空气喷涂、高压无气喷涂、静电喷涂、浸涂、淋涂、电泳涂装、粉末喷涂等多种方式。各种涂装方式均有其优点与长处，也有一定的缺点与局限性。

在船舶涂装作业中，主要采用刷涂、辊涂、压缩空气喷涂和高压无气喷涂等方式，其中高压无气喷涂，适合在大面积的平面上施工，涂装效率高，成为船舶涂装作业中首选的涂装方式，而对内部封闭、狭小的舱室只能使用辊涂、刷涂等手工方式。

1. 刷涂

刷涂使用刷子、排笔等工具，是最为简单的手工涂装方式。刷涂工具简单、操作方便、灵活，适应性强，应用较为普遍。但刷涂费时费力，工作效率低，工艺操作难以统一规范，因而在大面积施工中往往不被采用。刷涂的优点在于可涂装喷涂工具难以到达的地方和喷涂难以确保膜厚的地方，如各种沟槽、泄水孔、通气孔等的边缘、型钢反面和狭小区域。在大面积喷涂前，上述部位应先刷涂 1～2 道。

同时，刷涂还具有较强的渗透力，能使涂料渗透到细孔和缝隙中去。而当被涂表面有少量潮气时，刷涂能排挤水分，使涂料较好地黏附于表面。并且刷涂的涂料浪费少，对环境的污染也较少。

刷涂的缺点是对干性快、流平性较差的涂料不大合适，易留下明显的刷痕而影响涂层的平整性与美观性。

2. 辊涂

用辊轮手工涂装，适用于难以喷涂的大平面的涂装。辊涂的效率低于喷涂，但高于刷涂。辊涂的涂料浪费也少，对环境污染也较少。另外辊涂可以在较长距离上操作，减少搭建脚手架的麻烦。与刷涂相似，辊涂也有较好的渗透力。但对于结构复杂和凹凸不平的表面，辊涂方式则受到限制。因而辊涂在船舶涂装中往往应用于船体的外板、甲板和上层建筑外表。

3. 压缩空气喷涂

压缩空气喷涂是利用压缩空气将涂料从壶形容器中吸出（或压迫）至喷枪，在 0.2～

0.5 MPa 下，涂料在喷嘴处与空气混合并雾化，喷射在被涂表面，得到均匀分布的涂层。压缩空气喷涂属于机械喷涂方式，其效率比刷涂和辊涂高得多，也较容易获得比较均匀的涂层。用于压缩空气喷涂的涂料要比刷涂和辊涂的涂料黏度低，因而在一般涂料中需添加一部分稀释剂。在喷涂时，有一部分涂料被喷涂到空气中和从被涂表面弹回到空气中，造成的浪费较大，对环境的污染影响也较大，并且它没有刷涂的渗透性，故涂层附着力也不如刷涂、辊涂。当有大风时，涂料吹散引起的浪费就更多。喷涂时使用的压缩空气必须经过过滤，除去水分和油分，以免混入涂料之中影响涂层质量。喷枪、容器和涂料经过的管路，在喷涂结束后，要立即用溶剂洗净，以备后用。

4. 高压无气喷涂

高压无气喷涂通常是利用压缩空气作为动力驱动高压泵，将涂料吸收并加压至 10～25 MPa，通过高压软管和喷枪，最后经呈橄榄形孔的喷嘴喷出，雾化成很细的微粒，喷射到被涂表面，形成均匀的涂层（图 4-4）。由于涂料压力高，涂料射向被涂表面后能渗透到细孔里面，所以涂层附着力好。良好的雾化能获得光滑致密的涂层。

图 4-4　高压无气喷涂设备

高压无气喷涂的最大优点是效率高，对于需要大面积涂装的船舶来说，涂装效率大大提高，可缩短必要的造船周期，因此现代化的造船离不开高压无气喷涂。高压无气喷涂的缺点是涂料的喷逸损失较大，特别是在有大风的情况下，涂料吹散损失更多，在喷涂表面形状复杂、宽度较小的物件时，损失也较大。与刷涂相比，高压无气喷涂通常需要多使用涂料 20%～30%。另外，涂料在喷嘴出口处压力很高，射出的速度快，很容易刺穿人体皮肤，造成伤害，施工者应注意。现代船舶在建造和维修时，一般采用高压无气喷涂进行船舶涂装，以保证涂装质量。

4.5 涂 装 工 艺

船舶建造的特定工艺程序不同于一般工业产品的生产，这决定了船舶涂装工程也应与造船工艺程序相适应，不同于一般工业产品涂装的特定的工艺程序。通常涂装工程贯穿于造船的整个过程中，涂装工作（包括表面处理）分为以下工艺阶段：钢材预处理和涂装车间底漆、分段涂装、船台涂装、码头涂装、坞内涂装和舾装件涂装。

各个工艺阶段，应根据船舶涂料的配套与特点、船厂的设备能力、建造周期及工作习惯等确定其具体工作内容，属于涂装设计和涂装工艺流程控制的范畴。

1. 分段涂装

分段涂装是船舶涂装中最主要和最基本的一环，除了特种船舶的特殊部位（如成品油船的货油舱等），船体的各个部位，在分段阶段都要进行部分或全部涂层的涂装。不管船体某一部位需涂装多少层涂料，其第一层，即与钢材直接接触的一层，都要在分段上进行涂装，因而船舶涂装质量，首先取决于分段涂装的质量。

船体分段有平面分段和立体分段两大类。其中，立体分段结构比较复杂，表面处理与涂装工作的难度也大一些，应特别注意施工质量与安全。

在结构完整性交验后即可进行分段的表面处理和涂装。随着生产设计的不断深化，分段涂装应在预舾装工作完成后进行。分段涂装最好在室内涂装工厂进行，可不受气候条件的影响。若船厂条件有限，则应在气候条件合适的情况下进行。

2. 船台涂装

船台涂装是指分段在船台上合拢，是船体焊接成型直至船舶下水前这一过程中的涂装作业。该阶段涂装主要工作内容为分段间大接缝修补涂装，分段涂装后由机械原因或焊接、火工原因引起的涂层损伤部位的修补，以及船舶下水前必须涂装到一定阶段或全部结束的部位的涂装。若建造进度与工作条件许可，可以对某些舾装工作完整性较好的舱室做完整性涂装。

3. 码头涂装

码头涂装是船舶下水后到交船前停靠在码头边进行舾装作业阶段的涂装。除必须在坞内进行的涂装作业外，该阶段应该对全船各个部位做好完整性涂装。

由于码头舾装阶段各工种作业互相交叉在一起，电焊、火工作业较多，并且许多舱室已达到封闭状态，涂装作业又往往是大面积施工，溶剂挥发量大，所以危险性较大，要十分重视通风防爆工作。

4. 坞内涂装

坞内涂装主要是对船体水线以下区域进行完整性涂装，也做一些码头舾装阶段未完成的涂装工作。船舶下水时因离交船期还有一段较长的时间，船底防污漆一般不应涂装结束，故进坞时往往还需涂装 2～3 道防污漆。

5. 舾装件涂装

船舶舾装件种类很多，有桅杆、舱口盖、起货杆等大型舾装件，也有许多如管系附件、电缆导架、扶手、栏杆等小型舾装件。

大型舾装件往往采用经过预处理并涂有车间底漆的钢材制成，其涂装往往与船体涂装相似，经过二次除锈，然后逐层涂装。小型舾装件往往采用酸洗除锈后，或镀锌，或直接涂上防锈底漆。

舾装件无论大小，在上船安装前，多数已经涂上底漆，但面漆一般要等到安装后再统一涂装。这是由于在安装过程中难免因焊接或机械原因损伤涂层，且面漆与周围船体结构同时涂装会有较好的外观效果。

4.6 涂装质量的控制

4.6.1 涂装环境管理

涂装质量除了如前所述与表面处理的质量有着非常重要的关系，还与涂装时的周围环境，特别是与大气条件有着密切的关系。

任何潮湿的表面都不能进行涂装，即使是水溶性的涂料，涂在潮湿的表面也会对附着力、表面成膜状态及干燥时间带来影响。因此，雨天、雪天、雾天应停止室外涂装作业。除此之外，在湿度过大的情况下，钢材表面也会产生露珠，因而湿度问题是船舶涂装工作必须重视的一个问题。

温度与涂料的干燥及成膜状态有直接的关系。不管是物理固化型涂料，还是化学固化型涂料，温度过低都难以固化干燥，而温度过高，则易产生许多涂层弊病，所以掌握和控制好环境温度，也是船舶涂装工作需重视的问题之一。此外，大气的粉尘、风向、风力等都会给涂装工作带来一定的影响。为此，船舶涂装就有一个环境管理问题。

1. 湿度

湿度通常是指大气的相对湿度，其含义是：在一定的大气温度条件下，定量空气中所含的水蒸气的量（以空气中水蒸气所产生的分压 P_i 表示），与该温度时同量空气所能容纳的最大水蒸气的量的比值（以 P_0 表示）。相对湿度通常是以百分比来表达。

$$\text{RH}(\%) = \frac{\text{水蒸气分压}}{\text{水的饱和蒸汽压}} = \frac{P_i}{P_0} = \frac{X}{X_{\max}}$$

空气中水蒸气冷凝成水的温度称为露点，此时空气中水蒸气分压等于此温度下水的饱和蒸汽压 P_0，要防止水蒸气冷凝，就要控制空气中水蒸气分压小于同温度下的饱和蒸汽压 P_0。

水蒸气的饱和蒸汽压 P_0 是与温度 T 相关的量。在物理化学中有如下规律：当纯物质的两相达到平衡时，如气-液两相达到平衡，$H_2O(g) \rightleftharpoons H_2O(l)$，在该温度下的饱和蒸汽压与其沸点温度满足克拉佩龙方程：

$$\frac{\mathrm{d}\ln P_0}{\mathrm{d}T} = \frac{\Delta_{\text{vap}} H_{\text{m}}^*}{RT^2}$$

当 T 越高，则饱和蒸汽压 P_0 越大，水蒸气就越不容易凝露。因此有这样的常识：冬天容易凝露，而夏天就不容易出现。即使空气中水蒸气含量相同，由于夏天环境温度高，其饱和蒸汽压高，水蒸气分压达不到 P_0，此时露点远低于空气温度，所以水蒸气难以凝露。而冬天相反：P_0 比较低，水蒸气分压容易达到，此时露点与环境温度接近。

露点的温度是由环境温度和空气的相对湿度（%）决定的。表 4-3 就是这三者之间的关系。

表 4-3　露点表

相对湿度%	环境温度/℃									
	−5	0	5	10	15	20	25	30	35	40
95	−6.5	−1.3	3.5	8.2	13.3	18.3	23.2	28.0	33.0	38.2
85	−7.2	−2.0	2.7	7.3	12.5	17.4	22.1	27.0	32.0	37.1
80	−7.7	−2.8	1.9	6.5	11.5	16.5	21.0	25.9	31.0	36.2

续表

相对湿度%	环境温度/℃									
	−5	0	5	10	15	20	25	30	35	40
70	−9.2	−4.5	−0.2	4.59	9.1	14.2	18.5	23.3	28.1	33.5
60	−10	−5.4	−1.0	3.3	8.0	13.0	17.4	20.6	25.3	30.5
50	−12.8	−8.4	−4.4	−0.3	4.1	8.6	13.3	17.5	22.2	27.1
40	−15.9	−10.3	−7.3	−3.1	0.9	5.4	9.5	14.0	18.2	23.0
30	−19.9	−14.3	−10.2	−6.9	−2.9	1.3	5.2	9.2	13.7	18.0

根据上述表格，如果 RH = 60%，夏天环境温度 $T = 25$℃，则露点为 17.4℃，相差 7.6℃，此时空气温度不会低于 20℃，所以不会凝露。冬天 $T = 0$℃，则露点为−5.4℃，环境温度与露点相差 5.4℃，一般空气温度与环境温度接近，夜间虽然温度会下降，但是下降幅度不会达到 5℃，因此凝露不会发生。

但是当 RH 升高到 85%，夏天环境温度 $T = 25$℃，则露点为 22.1℃，相差仅仅 2.9℃，夜间温度稍稍下降有可能出现凝露。冬天 $T = 0$℃，则露点为−2.0℃，环境温度与露点仅仅相差 2℃，那么在夜间空气温度下降，肯定会接近露点，凝露会出现。

所以当 RH 高于 85%时，不管夏天还是冬天（环境温度不同），凝露都有可能出现，因此在涂装中规定当 RH 高于 85%时，不允许进行涂装。而 RH 低于 60%时，原则上不会出现凝露现象，是有利于涂装的。

上述分析中将环境温度视为接近空气温度，涂料是涂覆于底材上的，其环境温度应该是底材的温度，一般底材的温度应该比环境温度低一些。如即使在夏天，南海的环境温度基本高于 35℃，此时海水温度一般在 25℃，不会超过 30℃，因此涂装中必须掌握涂装底材温度高于露点 3℃，以保证空气中水蒸气不会在底材上凝露，这在涂装环境控制中称为露点管理：即涂装前先测定空气的露点和被涂表面的温度，只要被涂表面的温度比露点高 3℃，可确认表面干燥可以涂装。

露点管理的办法往往用于被涂表面的温度与气温不一致（通常是低于气温）的情况下。

如果环境湿度过高，而又必须涂装，如何处理呢？可以进行相关操作来满足露点管理。首先是环境空气的“去湿”操作：专业的去湿机，或者空气调节器，都可以通过降温，将水分去除一部分；另外还可以通过底材表面升温，强行满足露点管理，当然在实际中前者比较容易实施。

如成品油船涂装，其舱室的空气温度与舱壁的温度往往差距较大，有的舱壁外侧可能处在水中，其温度已经到达露点，为防止舱壁结露，只有将舱内空气中的水蒸气大量除去，降低舱内空气的露点，才能保持舱壁的干燥。这就是成品油船特殊涂装必须具备大功率的去湿机的原因之一。

环境露点的测量，可先用一般气温计测得空气温度，再用湿度计测得空气的相对湿度，然后用露点计算尺或计算表查得该空气的露点。

当被涂表面温度（用表面温度计测量得到）与露点接近，或差距不满3℃时，应该通过环境空气的“去湿”或提高被涂表面的温度来达到扩大被涂表面温度与露点之间的差距，确保被涂表面干燥。这也是露点管理的目的。

2. 温度

涂料的固化通常依靠溶剂的挥发或涂料内在的化学反应。不管是哪种类型的涂料，温度对涂料固化速度的影响都很大。

化学固化型涂料，一般温度每升高 10℃左右，固化时间将缩短一半。当温度过低，则化学反应难以进行，涂层迟迟不能固化。如环氧系涂料在气温低于5℃时，几乎不会发生固化反应，因此必须在5℃以上，最好在10℃以上施工。温度还对涂料的黏度带来明显的影响。当温度过低时，涂料的黏度将变得很大，以至难以施工。如果为了降低黏度而增加稀释剂，则涂料的固体分含量将降低，这不仅涂层厚度会受到影响，而且会降低涂料的表面张力，容易产生流挂、露底等弊病。

但是过高的温度会使化学固化型涂料混合后可使用时间缩短，以致来不及用完就发生胶化而难以使用。此外，温度过高，溶剂挥发过快，会引起刷涂困难，刷纹明显，而喷涂则易产生干喷雾现象。并且温度过高，会使刚施工好的涂层因溶剂挥发过快而产生涂层起泡和皱皮等弊病。

因此，一般认为钢材表面温度大于40℃，涂装效果是不理想的。故在夏季应避免阳光直射的钢表面进行涂装，而以早晚比较凉爽的条件下施工为宜。

3. 其他

除了前面所述的湿度和温度，涂装环境管理还应包括以下几项。

（1）涂装作业必须有充足的光照条件。若室内采光条件差，应配备良好的照明设备，在密闭或通风不良的舱室内施工，其照明设施应该是防爆型的。

（2）涂装作业应有安全可靠的脚手架，必须防止人员坠落事故的发生。

（3）室内涂装作业应有良好的通风环境，通风设备也应是防爆型的。

（4）涂装作业时要防止周围的污染源对涂层的污染，如周围正在进行喷砂作业，则应等喷砂作业停止后才能进行涂装作业。

（5）应当防止涂装工作本身对周围环境的污染，特别要避免在风力过大时进行喷涂。风力过大时进行喷涂不仅会使漆雾到处飞扬而污染周围环境，也会造成涂料无谓浪费。所以，当风速大于 3 m/s 时不宜进行涂装作业。

4.6.2　涂装质量管理

船舶涂装工程贯穿于整个造船工程，它与造船的其他专业、工种有着密切的、不可分割的联系，因此，船舶涂装是一项全方位、多层次的系统工程。

当船舶的建造说明书规定了船舶涂装的基本要求、涂层配套体系和工艺要求后，以最低的成本提供符合设计要求的优质涂层的关键在于涂装质量管理。

涂装质量管理具有十分丰富的内容。从钢材预处理开始到完工交船为止，造船的全过程都需要对涂装实行严格的管理。其中包括：表面处理管理、涂层质量管理、膜厚管理、工程管理、材料管理、工时管理、工具设备管理、外包作业管理、安全卫生管理等。诸项管理互相依存又互相制约。

涂装质量管理贯穿于整个涂装工程的全过程之中。按照涂装工程的设计，与涂装质量紧密相连的工作主要包括设计选择适当的涂料配套体系、涂装前涂料质量的检验、涂料施工工艺控制、涂层成膜状态的观察和相关涂层性能的监测等。多个环节必须按照相关技术文件，严格执行，环环相扣，共同构成涂装质量管理的系统工程。

1. 涂料质量管理

涂料质量的检验一般严格按照所选涂料的说明书进行，从涂料的外观、黏度等方面判断涂料是否符合施工要求，这是整个涂装效果的基础；涂料施工性能的控制包括涂料的流平性、遮盖性、干燥性、底层与面层的结合性等控制，这一工作是保证涂装质量必不可少的过程；涂层性能的测试主要是涂层厚度（包括湿膜厚度、干膜厚度）、表面光泽、表面完整性等物理检测手段，这一工作的重点是涂层的维护，保证涂层达到最佳性能。

2. 涂层质量管理

涂层质量的优劣与许多因素有关。要获得质量优异的涂层，必须有合格的钢材表面处理质量、品质良好的涂料、正确的涂装工艺、娴熟的涂装技术等。而船舶涂层的质量管理不是单纯的质量控制，而是包括涂装质量要求的制订、质量检查、质量信息反馈与处理和完工涂层保护等全过程的全面的质量管理。涂层的质量就是涂层的使用价值。涂层的质量也是造船厂的产品信誉。因而无论是船东还是船厂，都将涂层质量管理视作船舶涂装管理和造船工程管理中十分重要的一环。

涂层质量要求，通常包括钢材表面处理要求和涂层表面质量要求两部分。对于表面处理和涂层质量的总体要求，一般在每艘船的涂装说明书中做出明确规定。由于船舶涂装不像一般工业产品的涂装，使用的涂料品种复杂，涂装又涉及造船的全过程，涂装说明书不可能对每种涂料、每一阶段的涂装质量要求规定得非常详细，因此，造船厂应根据造船的具体工艺特点，对船舶涂装的常规质量要求制定具体的标准，以确保整个造船过程中的涂装质量。

钢材表面处理质量要求：钢材表面处理的质量，是涂装质量的重要组成部分，也是获得良好质量的涂层的基础。前面已经有详细说明，不再赘述。

涂层表面质量要求：船舶涂装的主要目的在于防腐蚀。因此，涂层必须有好的内在质量。而内在质量则往往通过表面质量来反映，故涂层的表面质量应达到一定的标准。涂装的另一个目的在于装饰。对于船舶来说，外表面的装饰作用尤其重要，对表面质量要求比较高，而对内部不显眼的区域或看不见的区域，表面质量要求可略放宽。

关于船舶各部位涂层表面质量要求，中国船舶行业标准 CB/T 3513—2013《船舶涂装质量验收技术要求》做出了如表 4-4 所示的规定。

表 4-4　涂层外观要求

涂装部位	涂层外观质量要求
装饰要求较高的表面（上层建筑外表面、驾驶室、客舱、室内通道等）	表面无漏涂、气孔、裂纹以及较明显的流挂、刷痕和起皱； 面漆颜色与规定颜色一致； 表面无干喷雾颗粒
一般装饰要求的表面（船体外板、露天甲板、机舱、储物舱）	表面无漏涂、气孔、裂纹以及明显的流挂和起皱； 面漆颜色与规定颜色无明显差异
无装饰要求的表面（货舱、液舱、空舱隔离舱）	表面无漏涂、气孔、裂纹以及严重流挂

3. 质量检查

为了确保涂装质量，船东和船厂质量管理部门，在造船全过程中，对表面处理（包括二次除锈）和涂装作业的工作质量——涂层质量需要进行经常的、认真的检查。

质量检查的项目，应该有明确的规定，对此，需事先取得船东的认可。如果船东有异议，则应进行商议，在取得一致的意见后，做出相应的书面规定。

中国船舶行业标准CB/T 3513—2013对船舶涂装验收项目有严格的规定。

4. 涂层缺陷修正

涂层的质量，在施工时应时刻注意。一旦发现有问题或者缺陷，应立刻分析其产生原因，并按规定的方法进行修正。尽可能使缺陷在湿膜状态和小范围内修正好，到干膜状态或大范围发现问题时修正和返工则造成的损失就较大。涂层在湿膜状态时的弊病及处理方法见相关指导。

5. 涂层保护

完工后的涂层需要注意保护，避免损伤而带来损失。不仅涂装作业部门有责任，而且整个船厂各有关部门都有责任保护好涂层。

综上所述，近年来涂料和涂装工艺随着工业技术的进步，有了长足的发展，在涂料和涂装方面都有许多新产品、新工艺和新技术值得学习研究，但与此同时，涂料科学也是一门仍然需要不断深入研究探索的学科，许多时候涂料的实用性掩盖了涂料科学理论提高的重要性，或者说涂料的发展到了需要在理论上有所突破的阶段，这是学科发展所必然出现的，深入研究涂料科学中的某些理论问题是非常有必要的。

4.7　涂料的性能检测

涂料性能涵盖多个方面，整体上分为两大类：涂料及涂层的基本机械物理性能和涂层的环境适应性能（环境加速试验）。涂料及涂层的基本机械物理性能包括：涂料的黏度、光泽度及涂层的冲击强度、柔韧性、光泽度、厚度、硬度等，这些在涂料说明书上均有说明，表4-5列出的就是某涂料成品的相关参数。这些是涂料最为基本的性能，也是使用、施工的依据。在此基础上，人们还希望涂料厂家能够提供涂料在实际环境中的保护效果的指标，作为选择涂装体系的重要参考指标。但是实际环境条件复杂，影响涂层寿命的因素众多，涂层使用周期又比较长，短时间内难以有准确定量的结果，为此技术人员设计了称为环境适应性的试验方法：人为控制或强化某些环境条件，如温度、湿度、盐雾量、光照强度等，按照统一的方法进行试验，从而快速比较和评估试验样品的性能。这类试验有多种方式，如耐候性试验、紫外老化试验、耐盐雾试验、湿热试验等。

表 4-5 某涂料成品说明书

	检验项目	指标要求
技术指标	黏度/s	≥80
	细度/μm	≤10
	干燥时间/h	≤表干 1，实干 16～18
	柔韧性/级	≤1
	附着力/级	≤2
	冲击强度/cm	≤50
施工参考：1. 使用前必须将漆搅拌均匀。以 1∶6 配制固化剂油漆。 2. 喷涂后应在室温保持 15 min 以上，使其涂层自然流平后于 50～60℃烘烤。		

所有上述性能的检测均必须按照规范统一的方法进行，为此国内外均制定了相关的标准检测方法，中国所采用的国家标准近年来已与国际标准（ISO）接轨，属等同采用，与美国 ATMS 标准也相对应[17-18]。实际检测中必须严格按照相关标准进行，包括检测方法、仪器设备、检测条件、试样制备、结果评估等。相关性能检测方法介绍如下。

4.7.1 涂料基本机械物理性能测试

涂料和涂层机械物理性能包括：涂料的黏度、固含量，涂层的硬度、厚度、柔韧性、耐冲击性等，均可以按照标准方法进行测试。下面对部分性能测试加以说明。

1. 耐冲击性测试

涂层的耐冲击性指涂层在规定高度（0.5 m、1 m）、一定质量的重锤冲击下快速变形并不产生开裂、从底材剥落的性能，体现涂层的柔韧性和与底材的附着力。其测定标准为 GB/T 1732—2020《漆膜耐冲击测定法》。所用仪器为冲击试验器，见图 4-5。

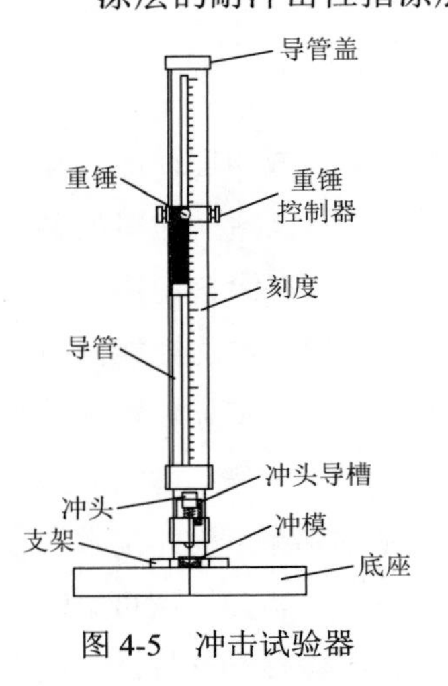

图 4-5 冲击试验器

具体的测试方法：一定高度的钢球落下，冲击涂层试样，涂层凹陷后依然保持完整为合格，根据钢球的高度来评级。钢球的高度最高 0.5 m。

2. 涂层柔韧性测试

涂层柔韧性测试有以下几种测试方法。

GB/T 1731—2020《漆膜、腻子膜柔韧性测定法》，仪器：漆膜柔韧性测定仪（图 4-6）。

GB/T 6742—2007《色漆和清漆 弯曲试验（圆柱轴）》，仪器：Ⅰ型弯曲试验仪（图 4-7）。

GB/T 11185—2009《色漆和清漆　弯曲试验（锥形轴）》，仪器：锥形轴试验仪（图 4-8）。

GB/T 9753—2007《色漆和清漆　杯突试验》，仪器：杯突试验仪（图 4-9）。

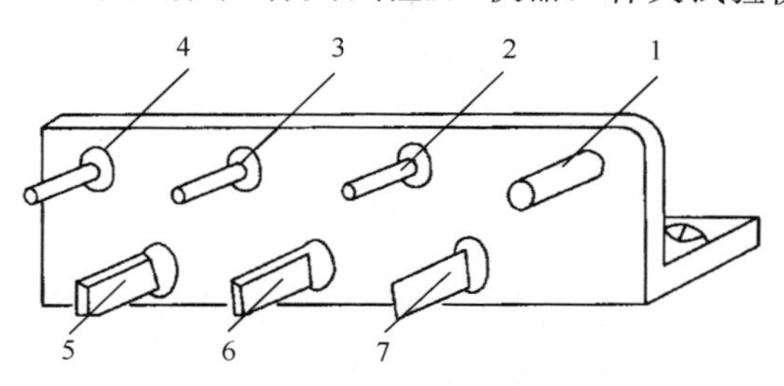

图 4-6　漆膜柔韧性测定仪

1～7-直径不同的 7 个轴棒

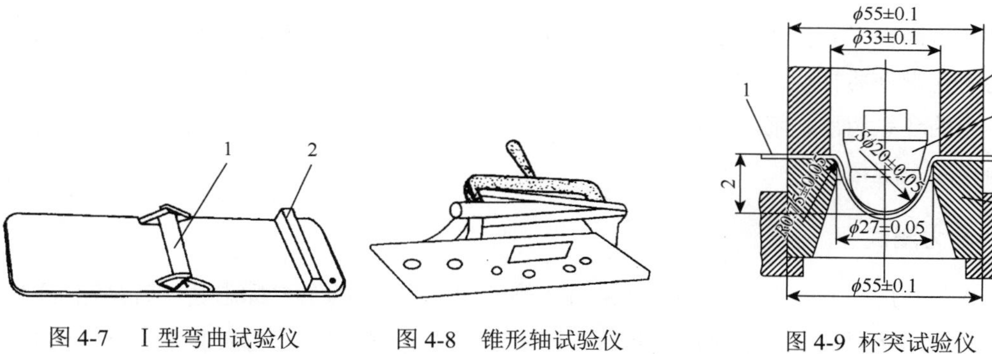

图 4-7　Ⅰ型弯曲试验仪

1-轴；2-相当于轴高的档条

图 4-8　锥形轴试验仪

图 4-9　杯突试验仪

1-试板；2-压陷深度；3-固定环；4-冲头及球；5-冲模

涂层的柔韧性为涂层随底材变形而不损坏的能力，它是涂层的弹性、塑性、强度、与底材附着力等综合性能的体现。涂层柔韧性与其变形的方式、时间和速度有关。

选择什么样的测定方法取决于涂料的性质及涂层在使用过程中的主要受力和变形方式。

涂层失效后其物理机械性能会发生急剧变化，耐冲击性和柔韧性是重要的表现之一。应该指出，上述测定方法主要是针对单一的涂层进行的。除有特殊要求外，很少采用复合涂层进行试验。航空母舰飞行甲板涂层的美国军用标准规定用 2 kg 的钢球对复合涂层做落球冲击试验，这样在现场调查时可以进行相同的试验和评价。通常也可以从现场取回失效涂层样品，再选择可行的方法对其评价并与标准未失效涂层做比较。

3. 耐化学介质性测试

化学介质是一个广义的定义，指涂层所处的环境中所接触的腐蚀介质，包括水（纯水、天然水、海水等）、酸、碱、盐、洗涤剂溶液、化学气氛及有机溶剂等。化学介质的腐蚀性又与其浓度和温度直接相关。因此不同行业针对其涂层使用环境制定相应的耐化学介质测定方法和标准，主要有测试标准 GB/T 9274—1988《色漆和清漆 耐液体介质的测定》。

测试方法基本上大同小异，浸泡法是按规定制备样板并用石蜡封边，然后浸入介质中，保持 2/3 样板没入介质，温度控制为 23～40℃设定要求。浸泡一定时间后观察其状态，如失光、变色、起泡、脱落、生锈等。

4. 耐水性试验

耐水性试验主要考察涂膜阻挡水介质的渗透作用。水介质有淡水、海水、潮湿空气等，不同介质作用有各自特点，因此要分别考虑。主要标准有：GB/T 1733—1993《漆膜耐水性测定法》；GB/T 10834—2008《船舶漆 耐盐水性的测定 盐水和热盐水浸泡法》。

一般人们会认为涂层耐盐水性比耐蒸馏水、淡水更苛刻，事实上淡水的渗透性比海水和高浓度盐水高得多。有些涂层能耐海水，但不耐淡水。一般认为热固性环氧树脂、聚氨酯树脂的耐化学介质性优于热塑性树脂，但是也有例外。例如，氯化聚烯烃树脂耐酸、碱性优于普通的环氧树脂、聚氨酯树脂，尤其是耐乙酸、甲酸等有机酸，氯化聚丙烯树脂和氯化乙丙树脂表现很好。

5. 附着力测试

附着力是涂层与底材或底涂层之间结合的强度。涂层失效的重要标志之一就是涂层附着力丢失导致与底材或底涂层之间的剥落、起皮等现象。其测定方法有实验室标准方法和现场检测方法。中国国家标准采用三种方法测定涂层附着力：划圈法、划格法和拉开法。

1）GB/T 1720—1979《漆膜附着力测定法》

采用划圈法附着力测定仪，如图 4-10 所示。

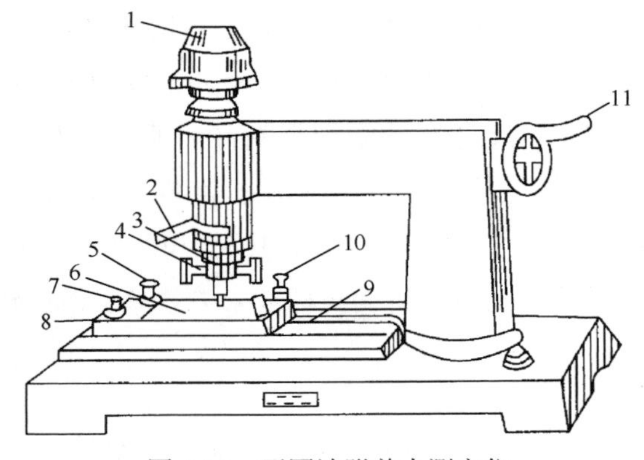

图 4-10 画圈法附着力测定仪

1-荷重盘；2-升降棒；3-卡针盘；4-回转半径调整螺栓；5-固定样板调整螺栓；6-试验台；7-半截螺帽；8-固定样板调整螺栓；9-试验台丝杠；10-调整螺栓；11-摇柄

测试过程为用螺栓固定好样板，调整回转半径至 5.25 mm，所加砝码量保证转针尖划透涂层至露出底材。按顺时针方向匀速转动摇柄，划出长（7.5±0.5）cm 圆滚划痕，取下样板观察，与标准 1～7 级（图 4-11）描述对照，做出判定。

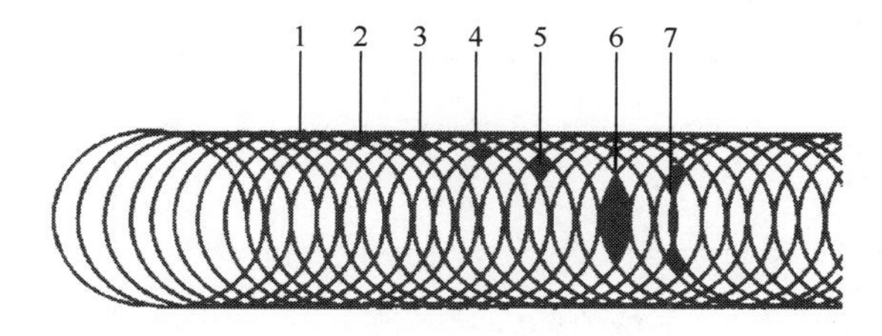

图 4-11 划圈法附着力的分级

但是划圈法难以判断复合涂层之间的层间附着力。

2）GB/T 31586.2—2015《防护涂料体系对钢结构的防腐蚀保护 涂层附着力/内聚力（破坏强度）的评定和验收准则 第 2 部分：划格试验和划叉试验》

测试过程：首先用刀片或划格器（将一定数量的刀片按间距 1 mm 固定好）在样板上划 6 道或 11 道长 10～20 mm、间隔 1 mm 的平行划痕，深至底材。然后切同样数量与之垂直的划痕形成 25 个或 100 个小方格。再用手指轻触涂层或用透明胶带轻压后撕开，观察涂层破坏状况，与图 4-12 比较分级。

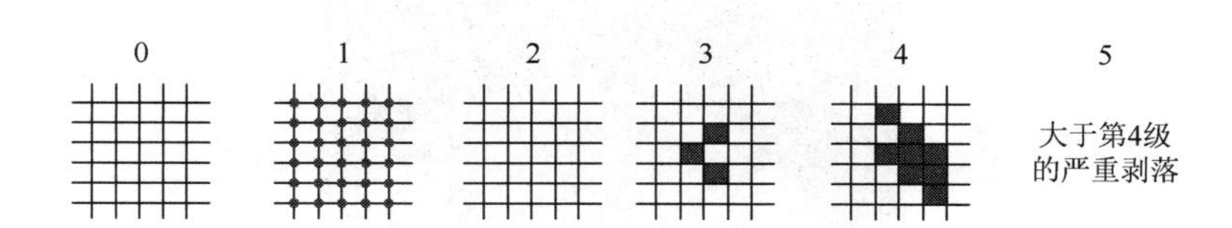

图 4-12 划格法测定附着力（0 级为最好，5 级最差）

划格与胶带粘贴拉开法相结合是简单实用的评价方法。但是在应用中应特别注意以下几个问题。首先是胶带的确认。胶带的黏合强度、压紧胶带用力的大小、胶带剥离角度和速度等都对实验结果有不同的影响。其次是涂层表面的清洁度和粗糙度对黏合强度也有影响，可能对结果的解释和检验的重现性带来困难。还有环境的温度、湿度对黏合强度影响很大。因此，现场测试应尽量标准化，现场操作方法与标准操作方法要一致。

还应注重涂层的厚度和强度对测试结果的影响。薄、脆的涂层与硬、厚涂层测试结果完全不同。另外要注意的是，厚、软的涂层与底材附着力不一定好，但测试结果反而不错，这是因为涂层切口可自愈合。表 4-6 列出了划格法附着力测试结果分级。图 4-13 为划格法测定附着力实际样本。

表 4-6　划格法附着力测试结果分级

表面	描述	国标分级	ASTM 分级
	切口完全光滑，无一方格剥落	0	5B
	割线交叉处小片涂层剥落，不明显大于十字切割面积的 5%范围受到影响	1	4B
	涂层沿割线边缘和/或交叉处有剥落。明显大于十字切割面积的 5%但不明显大于 15%的范围受到影响	2	3B
	涂层沿割线边缘部分或全部呈带状大块碎片剥落，及/或在切割方格内的不同部位部分或全部剥落。明显大于十字切割面积的 15%但不明显大于 35%的范围受到影响	3	2B
	涂层沿割线边缘呈大块碎片剥落，及/或有些方格已部分或全部分离。明显大于十字切割面积的 35%但不明显大于 65%的范围受到影响	4	1B
—	剥落程度严重	5	0B

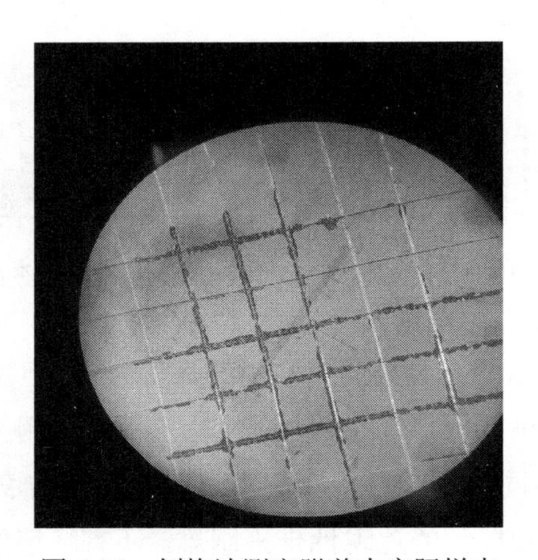

图 4-13　划格法测定附着力实际样本

3）GB/T 31586.1—2015《防护涂料体系对钢结构的防腐蚀保护 涂层附着力/内聚力（破坏强度）的评定和验收准则 第 1 部分：拉开法试验》

测试仪器采用拉力机，公式为

$$F = G/S$$

式中：F 为单位面积拉开的力，MPa；S 为模具面积，cm^2；G 为至涂层破坏时拉力，N。

测试过程是用特定的强力胶黏剂将涂层面和底材分别黏接在拉力机的两个拉模头上，再将准备好的试样放入拉力机的上、下夹具并调至正中央，保证其截面均匀受力。然后开机以规定的速度进行拉开试验，直至破坏，记录拉开时的最大力。

拉开法可以直观地反映出涂层与底材、底涂层与中间层或面涂层之间的附着力状况。拉开后可能出现以下情况：

（1）底涂层与底材拉开，说明它们之间附着不良；

（2）底材内聚开裂（塑料、木材等内聚强度低）而涂料与底材附着良好；

（3）涂层之间拉开，说明层间附着不良；

（4）涂层内聚拉开，说明涂料与底材的附着强度大于涂层内聚强度。

拉开法比较科学和全面地测试复合涂层与底材之间附着力状况，现在重防腐涂料性能测试中应用越来越多。但是它需要准确的大型拉力机，制备样品的周期比较长，而且它也不适合现场测试。为此开发了一些小型专业仪器，以方便实际应用。例如，英国 Elcometer Instrument 公司提供的一种便携式拉力机可以现场进行拉开法附着力测试。其原理是将一定面积的试验盘用强力环氧胶黏剂牢固地黏接在涂层上，试验盘通过弹簧与拉力机仪器相连接，将拉力垂直作用于试验盘，记录下将盘拉开时所需的力即为附着力（单位为 N/mm^2）。在试验盘黏接后应保证至少 24 h 的养护期，以达到环氧胶黏剂充分固化。拉开之前用垫盘切割器沿试验盘边将涂层割开，从而保证拉力作用于试验盘面。其测试的最大拉力范围不超过环氧胶黏剂的最大黏接强度。

6. 涂层厚度测试

涂层厚度是涂层重要的参数，其测量均实现了无损检测，使用专业的膜厚检测仪器进行检测。

涂层的厚度可用涂层测厚仪测量，涂层测厚仪采用电磁感应法测量涂层的厚度。图 4-14 为磁性涂层测厚仪，图 4-15 为非磁性涂层测厚仪。

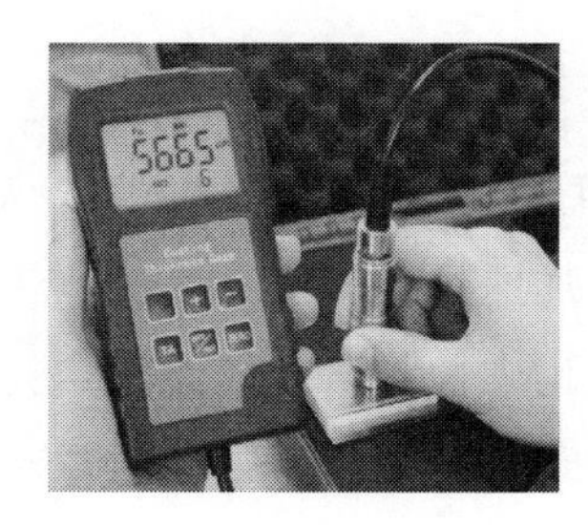

图 4-14　磁性涂层测厚仪

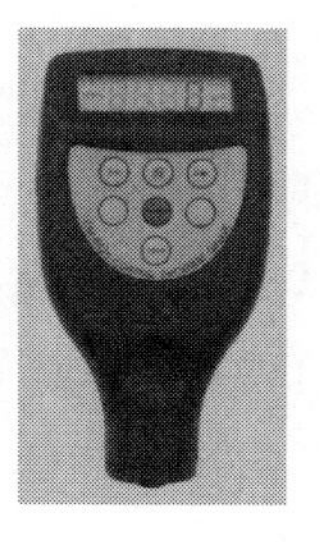

图 4-15　非磁性涂层测厚仪

涂层测厚仪可无损地测量磁性金属基体（如钢、铁、合金和硬磁性钢等）上非磁性涂层的厚度（如铝、铬、铜、珐琅、橡胶、油漆等）及非磁性金属基体（如铜、铝、锌、锡等）上非导电覆层的厚度（如珐琅、橡胶、油漆、塑料等）。

目前普遍应用的主要有两种检测方法：电磁感应法和涡流检测法，适用于不同的基体材料和涂层。

（1）电磁感应法：主要适用于导磁材料上的非导磁层厚度测量。

采用位于部件表面的探头产生一个闭合的磁回路，随着探头与铁磁性材料间的距离的改变，该磁回路将不同程度地改变，引起磁阻及探头线圈电感的变化。利用这一原理可以精确地测量探头与铁磁性材料如钢、铁、合金和硬磁性钢间的距离，即涂层上的非磁性涂层如铝、铬、铜、珐琅、橡胶、油漆等的厚度，相关仪器如图 4-14 和图 4-15 所示。

现代的磁感应测厚仪，分辨率达到 0.1 μm，允许误差达 1%，量程达 10 mm。涂层测厚仪具有测量误差小、可靠性高、稳定性好、操作简便等特点，是控制和保证产品质量必不可少的检测仪器，广泛地应用在制造业、金属加工业、化工业等检测领域。

（2）涡流检测法：主要适用导电金属上的非导电层厚度测量。

高频交流信号在测头线圈中产生电磁场，测头靠近导体时，就在其中形成涡流。测头离导电基体越近，则涡流越大，反射阻抗也越大。这个反馈作用量表征了测头与导电基体之间的距离，也就是导电基体上非导电覆层的厚度。此类仪器分辨率也可以达到 0.1 μm，允许误差 1%，量程 10 mm 的高水平，主要应用于铝材表面涂层检测，塑料表面涂层及阳极氧化膜的测量。

检定规程标准：国家标准 GB/T 4956—2003《磁性基体上非磁性覆盖层 覆盖层厚度测量 磁性法》。

检定规程：JJG818—2018《磁性、电涡流式覆层厚度测量仪》。

4.7.2 环境加速试验

1. 耐盐雾性能测试

盐雾是模拟海洋环境，用于考察涂层试样在盐雾条件下的耐蚀性能，以评估涂层的保护作用。盐雾有两种试验方式：完整试样和划痕加速试验。

完整试样：GB/T 1771—2007《色漆和清漆 耐中性盐雾性能的测定》。

主要考察完整涂层试样表面涂层形貌随试验时间的变化，如涂层失光，泛白，甚至起泡，边角处起泡生锈。

划痕加速试验：ASTM D1654—2008A《划痕加速试验》。

涂装试样中间用钢刀划“×”痕，只将涂层划破露出基体金属，然后把样品置于盐雾箱中进行试验，由划痕腐蚀扩展的距离和起泡程度，判断涂层的耐蚀性。

所用仪器：盐雾箱。图 4-16 为盐雾箱及内部结构。

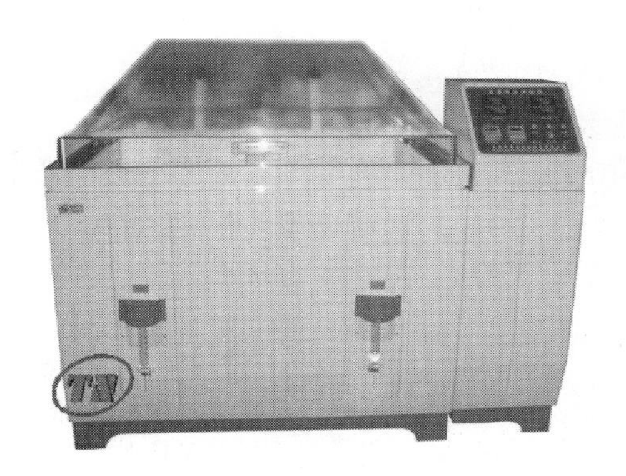

图 4-16　盐雾箱及内部结构

盐雾箱内部有喷雾装置，可控制喷雾量，试验温度可以调节控制，测试过程中试样斜置。

图 4-17 为盐雾试样起泡情况。

图 4-17　盐雾试样起泡情况

图 4-18 为试样在盐雾试验前后的对照图。其中 HC、HG、C 和 CG 表示不同涂料试样。

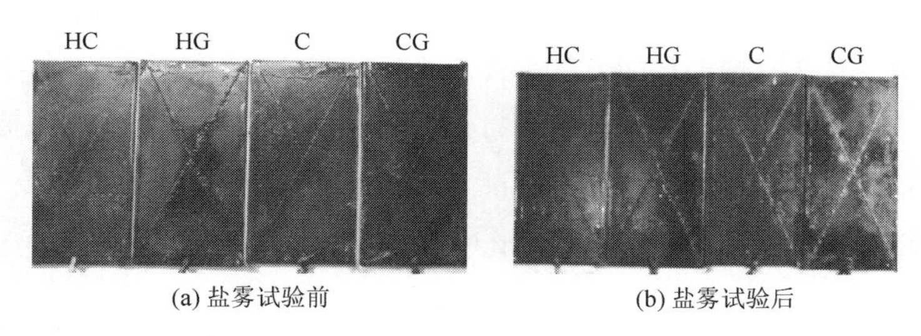

(a) 盐雾试验前　(b) 盐雾试验后

图 4-18　盐雾试验前后对比图

耐大气环境介质腐蚀测定在耐腐蚀的气密箱中进行，在控制的温度、湿度下通过计量阀导入定量的腐蚀气体（如 SO_2、HCl 等），经规定的时间后观察涂层的状况。在精心设计和控制参数条件下可达到加速试验的效果。

2. 耐候性测试

耐候性测试（紫外老化试验）考察试样在相应气候条件下表面涂层的变化情况，分为自然气候试验和模拟气候加速试验。

自然气候试验：GB/T 9276—1996《涂层自然气候曝露试验方法》。选择典型气候地点建立规范的曝露试验场地，进行开放式自然气候下的试样挂片试验，例如，著名的美国佛罗里达曝晒场。我国在典型地区均建有相应的曝露试验场，但这一方法耗时较长。

模拟气候加速试验：主要是考察紫外光照、温度、湿度综合条件对试样的影响。至今为止，还不能确定加速老化与天然曝晒之间的关系，即不能确定加速老化多少小时相当于曝晒一年，然而做相对的比较还是有参考价值的。主要标准有：GB/T 1865—2009《色漆和清漆　人工气候老化和人工辐射曝露　滤过的氙弧辐射》。

图 4-19 对比了光照前后试样的变化，光照后试样褪色、失光、掉色比较严重。

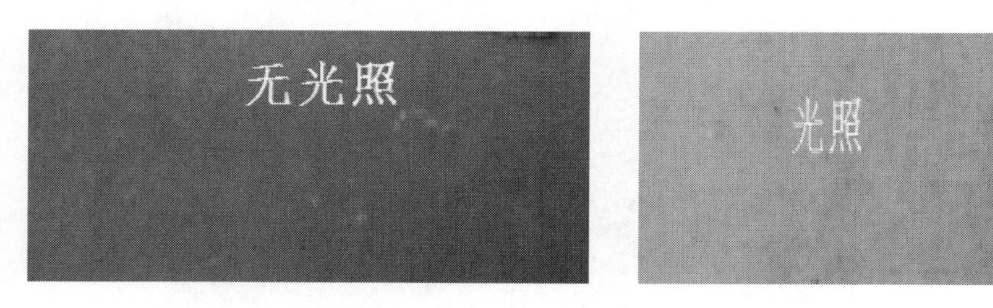

图 4-19　光照试样对比

检测在人工老化机内进行，图 4-20、图 4-21 分别为美国 QUV 型紫外老化试验箱和氙灯老化试验机。工业上有多种牌号的老化机，其主要区别在于所用的紫外光源及波长范围和强度，主要有紫外线碳弧灯、高压汞灯、阳光型碳弧灯、氙灯等。不同光源的加速性和模拟性有区别。例如，普遍使用的美国 QUV 型涂料紫外老化试验箱，采用 400nm 紫外灯管照射，加速性好，200 h 可得出结果，而 Atlas Ci5000 氙灯型涂料紫外老化试验箱的模拟性好，在汽车涂层中指定用其检测。

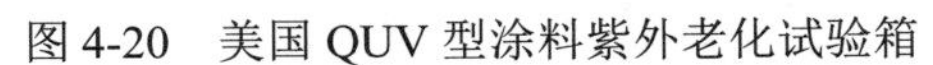
图 4-20　美国 QUV 型涂料紫外老化试验箱

图 4-21　氙灯老化试验机

按标准工作室温度控制为（45±2）℃，相对湿度（70±5）%，喷淋 1 h。设定相关参数后开机，样板置于转鼓上，一定时间后取出观察样板状态，按 GB/T 1766—2008《色漆和清漆　涂层老化的评级方法》进行检查评级。

上述环境加速试验，均只是单因素温度、盐雾、紫外老化等的加速，实际环境中这些因素是同时、交替作用的，因此单项试验结果还难以准确反映实际涂层的破坏进程，单因素试验结果也无法简单地推测到实际环境。为此人们在不断努力改进试样模式，以接近实际环境条件。例如将盐雾试验和紫外老化试验交替进行：盐雾试验 16 h，紫外光照 8 h，或者按照 24 h 轮换，模拟白天与夜晚的交替、环境中湿度的变化等，以改善因素的单调差异性。

4.7.3　显微镜观察和分析

使用显微镜在现场和实验室对失效涂层观察和分析可以提供许多有用的信息，其中包括涂层的底材或底漆界面状态，起泡的位置、形态和分布，涂层截面反映涂层结构、致密

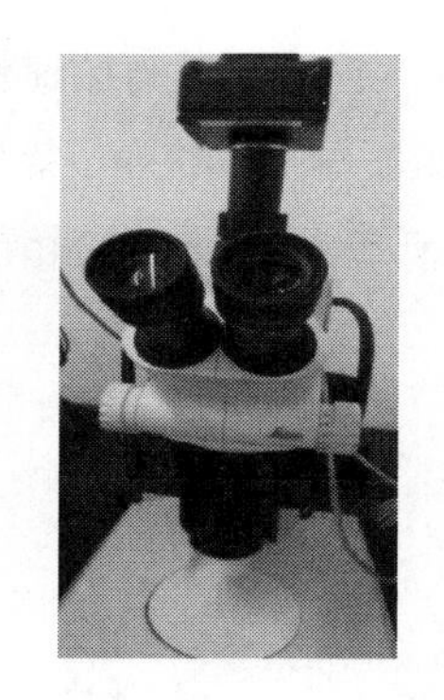

图 4-22　徕卡体视显微镜

度、膜厚等。显微镜是最有用的涂层调查工具之一，常用的显微镜有以下三大类：

（1）放大镜：放大倍数 10～80 倍，主要用于现场调查。

（2）光学显微镜：依据显微镜的类型和型号，一般可以放大 100～500 倍，带有刻度和校正功能等。常用于观察涂层试样的形貌、涂层的厚度、涂层缺陷、涂层失效形态、多层涂层的截面结构等。图 4-22 为徕卡体视显微镜。

（3）电子显微镜：放大倍数 1 000～200 000 倍，广泛应用于材料微观结构的观察，可对涂层试样的微视结构、缺陷等进行观察，也用于涂层/底材界面结构的研究。

利用光学显微镜可以对涂层的以下几个方面进行观察。

1. 涂层表面

可观察针孔、细微裂缝、缩孔、平整度（高低不平，从不同角度进行观察）、粉化、变色、起泡等。配合照相机和适当的光源可获得足够清晰度的照片。

2. 脱离涂层的背面

影响涂层剥落的主要因素取决于污染物的形态，包括未适当处理的弱界面层、铁锈、水泥翻浆、喷砂碎片等，重涂性差的光洁表面，油污、灰尘等。通过污染物的定性再结合其他仪器分析手段完成。

3. 底材或底涂层

对底材处理的程度和污染物的状况进行评价。观察金属底材上的锈是未处理掉的，还是涂装后层下腐蚀产生的黑锈（一般是腐蚀产物）；底材粗糙度是否符合要求；起泡的位置和分布及对底材的影响程度等。

4. 失效涂层的截面

观察涂层的层数和各层的厚度（比常用的测厚仪更准确，对于非磁性底材上的涂层更适用），涂层的填充性 PVC 和分散程度，涂层致密性（是否有气泡、空洞等）。制片的水平对结果影响很大，可将涂层浸放在热熔石蜡或未固化的聚酯、丙烯酸树脂中，待它们凝固或固化后放入切片机中切片。但要确保按涂层表面垂直方向切片，然后仔细打磨截面备用。如果配合使用一些指示剂，可以显示物质的踪迹，进行定性分析，更好地说明相关变化过程。

用放大镜观察和照相时一定要保证光源的照度、光线的角度、光的光谱组成（不同光源与底材的相互作用不同，显示不同的颜色）。

上述多种方法，从不同的角度，对涂料的状态和性能进行专业的评估，可以用于不同涂料性能的比较、涂层保护性能的预期评估等。但是相关方法均是在实验室条件下呈现的。无法代替涂料在实际环境和工况条件下的表现。涂料和涂层性能评估技术还在不断地发展和完善，其本身也是涂料技术发展的成果之一，是涂料技术中的重要领域之一。

思考题

1. 船舶涂装技术的特殊性有哪些?
2. 何为涂装三要素?
3. 涂装中钢材表面的预处理的作用有哪些? 船舶涂装钢材预处理等级如何表示?
4. 简述船舶涂装的主要涂装方式及特点。
5. 请分析涂装质量的主要控制流程及关键技术。
6. 根据水的饱和蒸汽压与温度的关系，解释涂装中“露点”管理的原理及实施方法。
7. 为何大型船舶内舱涂装需要配置大功率去湿机?
8. 如何理解涂装技术是“三分涂料，七分涂装”?
9. 涂料的主要性能包括哪些?
10. 环境加速试验有哪些方法? 各自的作用是什么?
11. 收集相关资料，谈谈涂料环境加速试验的现状及发展。
12. 涂料/基体的附着力是如何形成的? 涂装底材的表面处理对附着力有何意义?
13. 谈谈涂料与基体金属附着力对涂料性能发挥的重要作用。

第5章

涂层失效分析

涂层给基体金属提供了一层保护，但是这种保护作用是有期限的，而且涂层本身也并不是完全密封、绝缘的隔离层，随着时间延长，介质微粒可以通过涂层渗透进入基体金属，逐步引发金属/涂层界面内的电化学过程，破坏涂层与基体金属的牢固附着，随着附着力下降，保护作用逐渐减弱，直至涂层破坏而丧失保护作用——涂层失效。因此需要深入研究涂层与金属之间的界面作用特点，涂装金属与介质接触后相关物质的渗透、扩散过程，涂层保护作用的变化特点，了解涂装金属的破坏过程，掌握失效的形式、特点及原因，为完善、提高涂层的保护作用奠定基础。

5.1 涂装金属的腐蚀特征

5.1.1 涂装金属的腐蚀过程

涂层将金属完全包裹覆盖住，避免基体金属与介质直接接触而形成电化学腐蚀，但是这种隔离是暂时有效的，随着时间延长，阻挡作用会受到破坏，而且涂层的阻挡会让基体金属的腐蚀出现一些新的特点，其腐蚀形态会有自身的特点。

分析涂装金属的腐蚀过程，一般采用涂层/金属界面（M/C）模型来描述[19]，如图5-1所示。

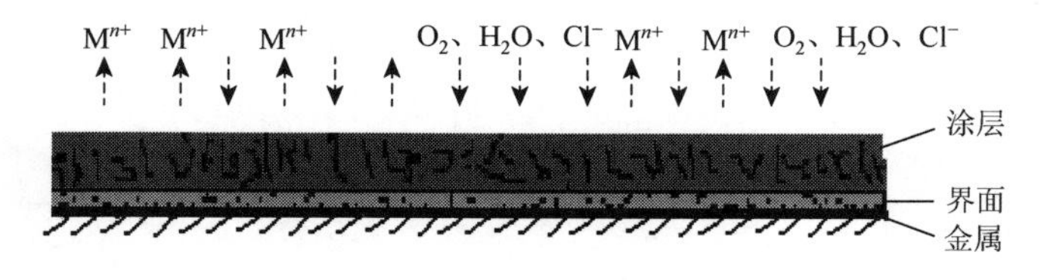

图5-1 涂装/金属界面示意图

以海水为介质，涂装金属腐蚀的发展过程有如下主要步骤：

（1）涂装金属与环境介质接触：如海水、电解质溶液等。涂层长期接触电解液，涂层高聚物分子链上有一些亲水性基团会与介质中的极性微粒接触、吸附，形成稳定的界面吸附层，随时间延长，微粒通过毛细管作用、界面张力、趋肤效应等多途径向涂层渗透，最终涂层成为一个接近饱和的、含微孔通道的半固态电解质层。

（2）随着外界水分子、离子等对涂层的渗透、扩散，其在涂层/金属界面富集，会形成逐渐增加的剪切力，与涂层/金属之间的附着力、涂层内部的结合力等相互作用，界面局部微区脱离。电解液在此处富集，形成局部电解液体系。

（3）界面开始酝酿发生电化学腐蚀，缺陷处活性大，为典型阳极溶解区，与之相连的周围成为阴极区，属于典型的“小阳极-大阴极”的模式，这类微观腐蚀电池数量众多，逐步积累会显著加速涂装下的电化学金属腐蚀。腐蚀由中心点开始呈圆形向外部扩散，没有明显的方向差异性，逐渐呈现圆形腐蚀坑。

（4）腐蚀产物堆积，破坏加深：随着腐蚀的进行，腐蚀产物逐渐增多，大部分以金属盐类为主，由于产物扩散严重受阻，会在原地局部堆积，客观上形成膜层覆盖住原有阳极溶解点，导致阳极区水解酸化，酸性增强，阴极区则发生 O_2 还原过程，$H_2O + 1/2\ O_2 + 2e^- = 2OH^-$，碱性增强，不管是酸化还是碱化，介质均偏离中性状态，这种偏离在涂层/金属界面微区内向四周扩散，严重破坏界面的附着状态，导致涂层保护作用下降。上述机制与闭塞腐蚀电池中存在的酸性质子催化加速腐蚀的机理类似，在实际的研究中发现在活性点处 pH 可接近 3.8，而周围典型阴极区 pH 可以达 10 左右，涂层下金属腐蚀往往呈现出“坑蚀”的状态。

（5）涂层附着力丧失，完全失效：界面腐蚀进一步发展，腐蚀区涂层基本被产物（铁锈等）占据，涂层与基体附着力破坏，物质扩散比较容易，腐蚀区域扩展。

上述过程也是普适性的涂层/金属界面的变化过程。

5.1.2 介质对涂层的渗透

有机涂层是包裹粉末状颜填料固体微粒的无数高分子长链的长程无序的缠绕集合体，长链难以有序，因此其结构微观上是难以持续稳定的，其链与链之间的自由体积虽然被颜填料填充一部分，但是难以完全填充满，因此涂层是多孔性的结构，其中含有的分子链上的极性基团、无机成分等，均与介质中的微粒有一定的相容性，介质对其是无孔不入全方位的接触，随着时间延长，介质中的微粒（水分子、各种离子、微量气体如 O_2 分子等）均会逐步扩散、渗透进入涂层，直至抵达涂层/金属界面。

其中，水分子的渗透数量和传递速率都比氧分子大许多[19]，离子可以随水一起进入涂层，随时间延长，这些微粒会在涂层/金属界面富集，逐步达到平衡，涂层成为饱和介质微粒的固态电解质体系，具备产生电化学腐蚀的条件。各种微粒既可能破坏涂层/金属的附着力，又可以通过扩散渗透导致涂层分子链间空隙加大，削弱涂层的内聚力。界面复杂的作用状态，控制着涂层的保护作用，此时涂层与金属的附着力称为湿附着力。良好的湿附着力，是涂层保护作用持续稳定的前提：保证涂层/金属作用良好，与外界渗透进入的微粒，如水分子、O_2 分子和离子等长期共存，抑制底材金属表面活性点的溶解，保持涂层对金属的保护作用，但是环境应力会推动介质微粒的渗透，涂层的扩散渗透通道、缺陷点会逐步连成直达基体的通道，微粒的扩散渗透更加容易，此时基体金属的活性溶解腐蚀发生就难以抑制，腐蚀产物在界面积累由内向外扩散，产生切向应力作用，湿附着力会逐步下降，进一步破坏涂层/金属的结合，涂层破坏加速，这是涂装金属腐蚀的发展难以控制，涂层产生失效的前兆。

5.1.3 涂装金属腐蚀的电化学特征

涂装金属体系（金属/涂层/电解液，metal/coating/electrolyte，MCE）的腐蚀发生在涂层/金属界面处，肉眼难以察觉。常规的涂层性能研究检测方法停留在宏观试样表面形貌的观察，对界面过程难以奏效，成为涂装技术发展的瓶颈。本质上绝大多数涂装金属腐蚀属于电化学腐蚀的范畴，随着电化学检测技术的发展，人们逐渐开发、应用一些电化学方法及参数，来表征涂装金属的状态，得到一些有价值的成果，典型的如涂装金属在环境介质中的稳定电位（腐蚀电位）检测、电化学阻抗谱（electrochemical impedance spectroscopy，EIS）的应用等，均可以从不同的方面反映涂装金属的腐蚀状态。

1. 稳定电位检测

稳定电位（腐蚀电位）是金属在介质中建立的重要参数，与金属的腐蚀状态密切相关。电位的检测相对较为简捷直观：只需在电解质溶液中，试样作为工作电极，提供参比电极和相对精密的电表（如 41/2 电表），就可以初步检测出试样在体系中的电位参数。对于涂装金属体系，这种检测也是比较容易实现的，只需将涂装金属试样的局部去除涂层，连接导线，按照上述方法，就可以得到涂装试样电位。

涂装试样的电位与其表面状态和环境介质中的物质对其涂层的渗透密切相关。涂装前后金属试样的电位随时间变化如图 5-2 所示，裸钢试样和涂装环氧酯防锈涂料试样：裸钢试样电位 2 d 稳定在−625 mV 左右，涂装试样开始因涂层致密完整，介质与基体金属绝缘，涂装金属呈现高阻抗体系，其检测电位一般为较高的正值或者乱点；随着涂层接触水介质，涂层中亲水物质如防锈颜填料等成分吸水量增加，外界介质的微粒向涂层渗透，涂层形成介质微粒的通道，致密程度下降，成为含有导电微粒的固态电解层，电位会有所下降（10～30 d）；基体金属接触介质微粒，逐步建立起双电层，呈现正常的电位，其电位逐渐下降，而且随着外界介质微粒的渗透作用增强，电位逐步下降，此时涂层介质微粒渗透尚未饱和，无法建立起稳定的电位，进一步介质渗透达到饱和，介质渗透程度稳定，基体金属接触介质，在个别点金属发生阳极溶解，建立稳定的基体金属电位，该试样在–300 mV 到–400 mV 不等（30～60 d）；随着阳极溶解的持续，阴极还原过程逐步建立，形成了稳定的电化学过程，金属建立稳定电位，进一步负移接近–600 mV 左右，之后随着电化学过程产物的累积，涂层/金属界面微区空间有限，产物的扩散迁移受到限制，产物会在界面堆积，形成类似闭塞阳极的形态：基体金属的阳极部位会持续溶解，周围形成阴极区，电化学过程持续进行，会导致金属出现与其裸金属相接近的电位（70 d 后），此时涂层/金属界面基体金属的腐蚀明确地发生，但是由于界面产物扩散受阻，所以腐蚀过程会维持较长时间，尽管电位接近裸金属，试样整体上看不到明显的腐蚀状况，涂装金属的腐蚀发展会维持较长时间，这表明涂层对基体金属具有保护作用，图 5-2 中试样电位在 70 d 后就接近裸钢，但是涂层腐蚀现象并不明显。除了金属表面涂层的阻抗作用外，涂料中引入具有防腐作用的颜填料等成分，这起到进一步延缓金属腐蚀的作用，保证涂装金属防腐性能达到设计要求。因此涂装试样稳定电位接近裸钢试样，是涂装金属腐蚀开始酝酿发生的指标之一，这一电位在一段时间内可以维持。

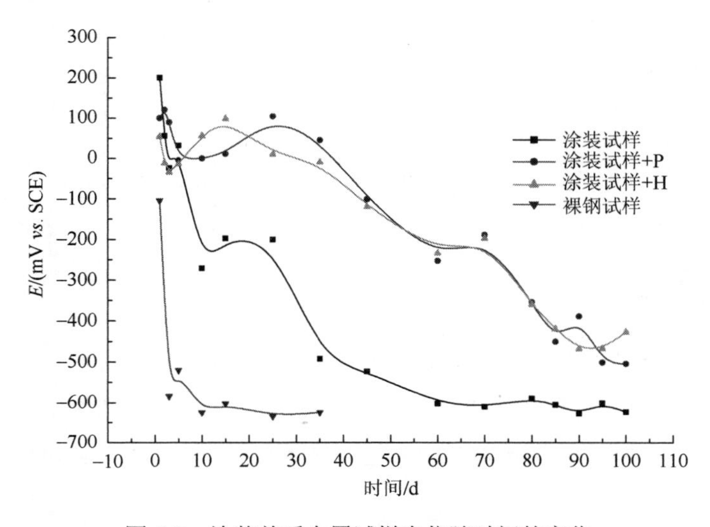

图 5-2　涂装前后金属试样电位随时间的变化

将引入防锈的缓蚀剂组分的涂层与未加缓蚀剂的涂层试样对比，跟踪涂装钢板的电位随浸泡时间的变化。缓蚀剂能够保证此类试样在较长时间保持较正的电位，如图 5-2 中的涂装试样 + P 和涂装试样 + H，在 90 d 后其电位依然稳定在–500 mV 左右，此时涂层已经为介质离子所饱和，但是因为缓蚀剂的作用（如缓蚀剂在底材金属表面上形成稳定吸附层，或者氧化导致金属发生钝化等），底材金属的电化学溶解腐蚀过程尚未发生，所以电位虽然逐渐降低，但是能够维持高于金属稳定电位，而且在随后的近 3 个月内一直维持这一状态。

一般认为，一种（裸）金属处于腐蚀环境中，当其电位偏正时，因其表面被膜层如氧化膜等覆盖而可能减缓或防止腐蚀；当其电位偏负时，则腐蚀可能持续，因此试样电位随时间的变化，可以继续进行。

由腐蚀电位随时间的变化，还可以了解涂装金属一些腐蚀性能的变化。图 5-3 所示为钢上涂有 9 μm 厚的透明的聚丁二烯[19]，浸泡在 0.5 mol/L NaCl 溶液中，在测量腐蚀电位的同时，观察到涂层的剥离过程和金属基体的腐蚀过程。在这一介质中裸钢的腐蚀电位约为–600 mV（*vs.* SCE）。从图 5-3 中可以看到涂装钢的腐蚀电位在 1 d 后约为–300 mV（*vs.* SCE），以后电位向正的方向移动，直到 32 d 涂层发生了完全破坏为止，这时电位降到裸钢的腐蚀电位。

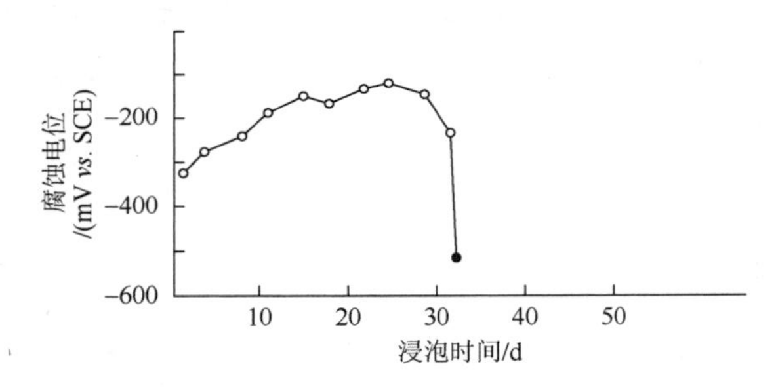

图 5-3　涂装试样电位与其腐蚀状态的关系

2. 电化学阻抗谱

涂装金属本质上可以看作被介质微粒饱和渗透的电解质体系，涂层对介质微粒的渗透有阻抗作用，对涂层/金属界面的电化学腐蚀同样具有显著的阻挡作用，这种作用随着介质渗透程度及基体金属的电化学腐蚀的发生、发展而变化，这种变化可以借助于电化学阻抗谱加以研究。

电化学交流阻抗谱的原理是向被测体系施加一个小振幅的正弦交变信号，检测该电化学体系对这一信号的响应谱。通过频谱响应特征，借助相关软件建立适当的等效电路模型，然后借助等效电路的参数，将涂装金属的腐蚀过程，与等效电路的相关元件如电阻、电容、常相位角元件等参数联系起来，通过等效电路模型形式、电子元件参数的变化，定性、定量地分析研究金属/涂层试样的电化学腐蚀过程。

具体方法如下：首先检测试样的 EIS 图，然后根据谱图的特征，利用相关软件（如 ZSimpWin 等），确定适当的等效电路的形式，一般包括电阻、电容、常相位角元件（constant phase angle element CPE）等，借助软件可以解析得到等效电路中各种元件的大小，其中，阻抗元件 R 的数据作为涂装试样的阻抗数据，可以分析不同时间试样 R 的变化，比较不同试样相同时间的 R 数值的大小，可以直接分析涂装试样阻抗的变化特征，间接反映涂装试样基体金属的腐蚀状况。电容元件则主要与介质微粒包括各种离子、小分子对涂层的渗透扩散和在涂层/金属界面富集相关，R 和 C 的变化趋势是相反的：阻抗 R 越大，涂层阻挡作用越好，介质渗透扩散越困难，因此界面处的电容 C 越小。当然这种模拟分析有一定的人为因素，如等效电路模型的选择，需要谨慎对待。

涂装金属电化学试样如图 5-4 所示[20]：涂装试样为平板，上置透明塑料圆筒，夹具加压密封作为电解液槽，放入参比电极和对电极：如 Pt 片，随浸泡时间延长，定期检测该试样的 EIS 图。

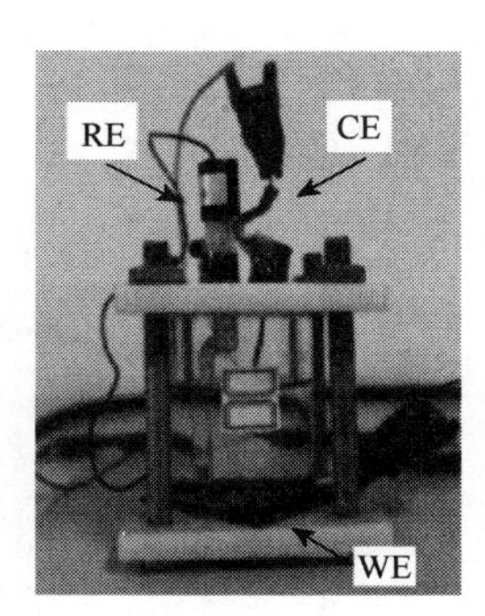

图 5-4　涂装三电极体系

RE-参比电极；WE-工作电极（导线接触点涂层去除）；CE-对电极

大量的研究表明，涂装金属试样的腐蚀过程和相应的阻抗谱图大致分为三个阶段。浸泡初始涂层致密完好，具有良好的屏蔽阻挡性，水分子和腐蚀介质难以直接渗透至涂层内部，其阻抗谱图呈现一个大圆弧（图 5-5，模型 I，1 个时间常数，此时阻抗一般较高，如接近 $10^8\ \Omega\cdot cm^2$），涂层在较长时间内表现出纯电容特性，涂层腐蚀防护性能较好，选取模型 I 等效电路来进行拟合。随着浸泡时间延长，介质中的水分子、离子等逐渐向涂层渗透、扩散，涂层致密性逐渐下降，随时间延长最终会成为一个为介质粒子所饱和的半渗透性的电解质体系，阻抗谱中的容抗弧逐步呈现两段圆弧（图 5-5，模型 II，2 个时间常数），此时可以选取模型 II 的等效电路来拟合：（R_cQ_c）回路表示涂层的屏蔽性能（涂层电阻 R_c）和外界介质的渗透程度（涂层电容 Q_c），（R_tQ_{dl}）回路表示涂层/金属界面的腐蚀情况：电化学腐蚀的电荷转移电阻 R_t 和界面双电层电容 Q_{dl}，这些参数的大小会随浸泡时间而变化，能够实时地反映涂装试样的状态，如介质微粒对涂层的渗透，涂层下底材金属的活性点溶解等状况，随时间延长电化学腐蚀发生发展，介质能够稳定向涂层渗透以维持腐蚀反应，但涂层的阻挡作用依然保持，涂层中的防锈颜填料起到抑制阳极溶解的作用，因此腐蚀速率不高，整个体系维持稳定，此时试样的电位一般高于裸试样电位，涂装金属腐蚀可控。

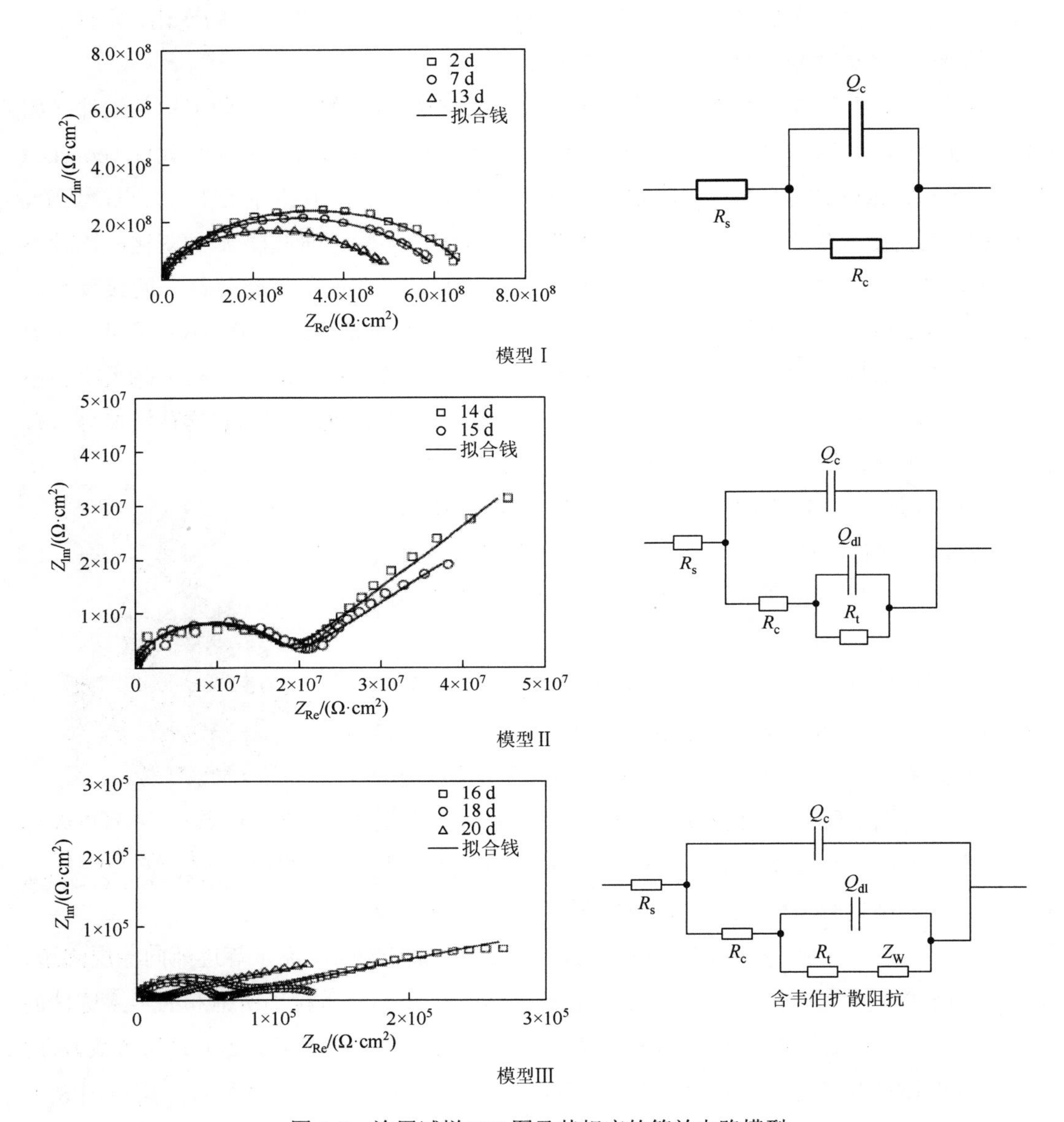

图 5-5 涂层试样 EIS 图及其相应的等效电路模型

浸泡后期（一般此时涂层阻抗低于 10^7 Ω·cm²），涂层内部已经形成了连续的微粒扩散传质通道，基体金属的溶解氧化腐蚀已经开始，EIS 的 Nyquist 图中往往出现扩散拖尾（图 5-5，模型Ⅲ），说明电化学过程已经受扩散控制，一般选取模型Ⅲ的等效电路来进行拟合，此时试样的稳定电位已经接近其裸电位（如钢板在中性海水中接近–600 mV），涂层阻挡作用丧失，反而阻挡金属腐蚀溶解产物的扩散和传导，造成涂层下金属腐蚀不均匀，部分区域涂层剥离现象严重，涂层已经失效。

涂层浸湿条件下的电容，其大小和涂层中微粒数量有关，因此可以表示外界介质微粒对涂层的渗透作用，可用于研究介质微粒对涂层的渗透状态和涂层的微观结构之间的关系。涂层电阻（R_c）主要表征涂层对介质的阻挡能力，其数值越高，则对基体金属的保护作用越好。通常涂层电阻大小与涂层中微粒的微孔通道的多少有关，通过这些微观通道，腐蚀介质可扩散至涂层与基体界面。涂层电阻（R_c）与涂层电容（C_d）相结合，能够反映外界介质微粒如水分子对涂层的渗透情况，涂层对介质的阻挡作用，对基体金属腐蚀的保护作用等[21]。

由此可知，EIS图随着涂装试样状态的变化而变化，可以实时反映涂层被渗透的程度和涂装金属腐蚀的发生和发展情况。通过等效电路的应用，能够建立相关元件参数随时间的变化规律，为涂装金属的腐蚀提供定量的指标，这是EIS方法能够成功应用于涂装金属腐蚀的研究的主要原因。而且EIS方法对体系的破坏作用很小，可以对样品反复进行长时间测试而不改变样品的性质，属于无损检测技术，目前开发的原位监测涂层状态的EIS设备，能够实时跟踪试样状态，了解和掌握涂层防护性能及涂层失效过程的相关信息，是最为成功的涂装金属腐蚀的检测技术。

5.2 涂层失效的主要形式

涂装金属的腐蚀是不可避免的，不同品种只是在时间上有所差别。根据涂装金属腐蚀的特点，结合环境对其影响程度，涂装金属腐蚀主要有几种的破坏形态。涂层在含腐蚀性气体或腐蚀性化学介质环境中使用时，在各种腐蚀因素的作用下，会发生降解，宏观表现为起泡、开裂、软化、脱落、变色、粉化及失光等现象。

涂层的失效分为物理失效和化学失效。物理失效是指涂层在服役过程中，在环境介质和应力的作用下导致涂层的溶胀、介质的渗入、涂层的开裂等使用性能的劣化现象；化学失效是指涂层在使用过程中，在热、光、氧、酸和碱等化学介质作用下高分子链发生降解或再交联等化学反应，引起介质渗入、涂层开裂、粉化等物理和化学性能劣化的现象。由于涂层失效的表现多样性和原因的复杂性，牵扯到涂料、施工、表面处理等许多方面，涂层的失效分析已发展成一种技术集成化程度较高的实用技术。涂层的主要破坏和失效方式有如下几类。

5.2.1 起泡

起泡是涂层局部丧失对基体的黏合性后从底材表面升起的半球状凸起部分，是发生腐蚀失效的前兆，如图 5-6 所示。涂层起泡有三个必要的条件：涂层与底材之间缺乏附着力；有产生气体或液体泡的来源；外界有一定的推动力。

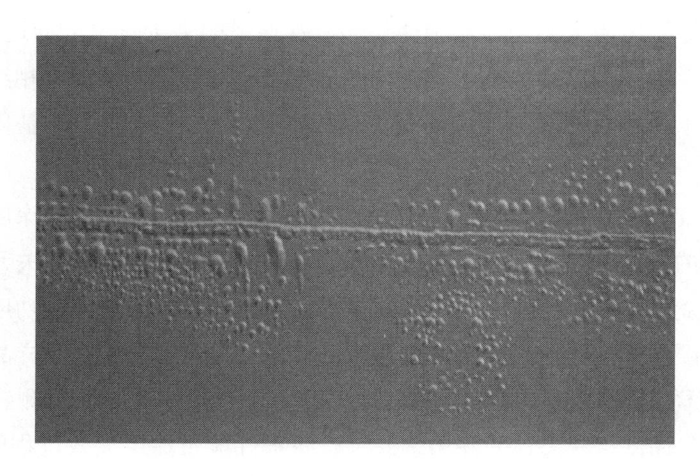

图 5-6　涂层起泡

底材与面涂层间因渗透起泡的原因在于，涂层不可能绝对阻止水或水蒸气的渗透，正常情况下处于化学介质环境条件中，涂层可以看作一种半透膜。微量水可以透过，而一些溶质则不易透过，这样就以涂层作为半透膜，由于浓度差产生渗透压，推动起泡的产生。另外，金属在涂装前表面处理不干净便会残留杂质，其存在于涂层与金属的界面上，如磷化处理时未洗净的残留盐、底材处理时去油污常用的清洁剂等，当渗入涂层的水与一些可溶性的杂质作用形成溶液时，也会产生很大的渗透压，促进水渗入涂层富集形成鼓泡。另外还可能存在电渗透起泡的情形：高聚物涂层可以看作一种具有离子选择性的半透膜，高聚物涂膜多数在水溶液中带负电，因而具有阳离子选择性，则液体迁移至阴极。当涂层下有局部腐蚀电池形成时，在电位梯度的作用下，溶液中的水化阳离子便会作为腐蚀电流的运载体渗入涂层，在阳极区发生脱水，而在阴极区则从外部得到水。电渗透的结果是在阴极区产生水泡。反之，如果高聚物涂层具有阴离子选择性，由于电渗透，会在阳极区产生水泡。因此，渗透起泡是一个很常见又复杂的涂层失效模式。

最后是涂层破坏处或划痕处的半裸露钢材表面腐蚀成阳极，划痕有涂层处为阴极而呈碱性，假如涂料的树脂是环氧等耐碱性的树脂，则不宜破坏，若是醇酸等耐碱性弱的基料，则酯键易与碱基发生皂化反应，丧失附着力，划痕附近的涂层易起泡而脱落。还有阴极保护导致起泡、溶剂滞留引起的起泡等。不管何种原因引起的起泡，都与涂层的附着力有着直接的关系，这里所说的附着力是指湿附着力：涂层浸入水中后，原先金属表面的活性点与涂层中的极性基团之间的吸附被水分子的介入和置换取代，产生湿附着力。当鼓泡的力大于涂层湿附着力时，表现为起泡，反之表现为不起泡。

5.2.2　粉化、失光、褪色或变色

涂层外观面层的变化，主要是在室外有机涂层抗紫外线耐老化性能逐步下降引起的，这三种变化相互关联，只是程度不同，它们很少贯穿至底漆，短期内不会对涂层的防腐性能造成本质的危害。图 5-7 为涂层粉化图。

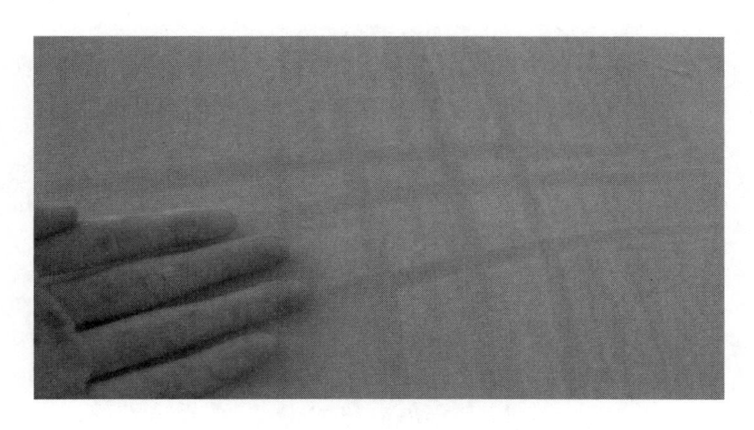

图 5-7　涂层粉化

5.2.3　涂层开裂或裂缝

涂层表面会有细小的纹理甚至微裂纹，这是成膜过程中表面应力的作用，但是如果其从面层持续发展贯穿到底漆，则会造成开裂。开裂是由于整个涂层在使用过程中底材与涂层的热膨胀率或吸水率不同，在环境温度、湿度变化条件下聚集的收缩应力所致，如图 5-8 所示。开裂的外观各种各样，这是一种灾难性的涂层失效，不可修复。

图 5-8　开裂（泥裂）

5.2.4　脱层或涂层脱落

脱层是涂层与基体材料、不同涂层之间附着力丧失导致的不可修复的破坏，如图 5-9 所示。它的表现形式和原因多种多样，主要发生的位置是底材-底涂层、底涂层-中间涂层、中间涂层-面涂层之间等，必须尽可能加以避免。

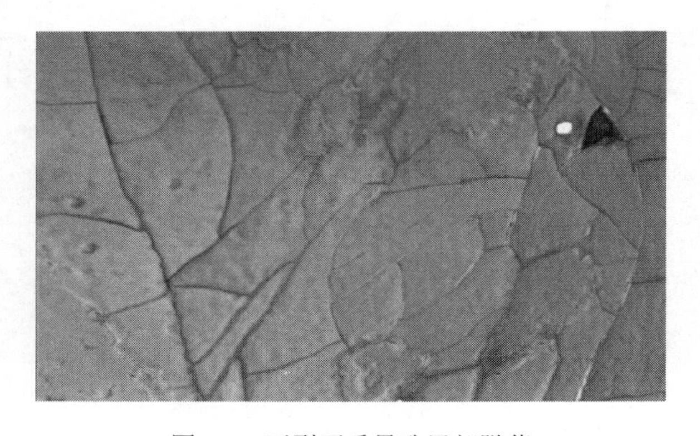

图 5-9　开裂严重导致局部脱落

5.2.5　涂膜表观不均匀性

涂层对外观有较高要求（特别是面层），局部的不均匀性是必须控制的问题，如涂层表面发花、涂层流挂、起皱等，图 5-10 所示为流挂，图 5-11 所示为涂层呈现橘皮状，图 5-12 所示为涂层呈现针孔状，图 5-13 所示为涂层起皱。这些必须及时发现并予以修复，任其发展有可能造成涂层的失效，主要体现在下面几个方面。

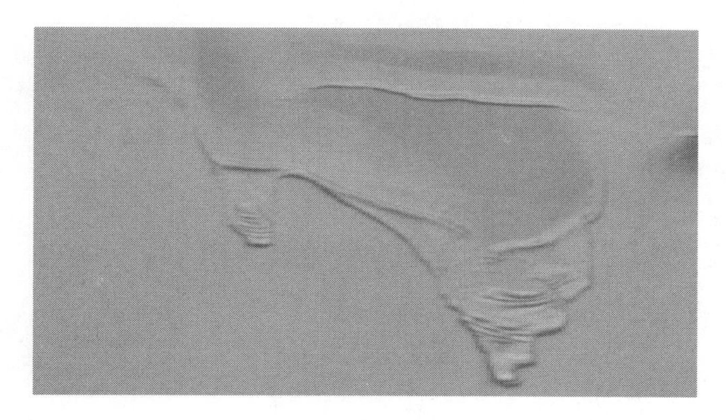

图 5-10　流挂

图 5-11　涂层呈现橘皮状

图 5-12　涂层呈现针孔状

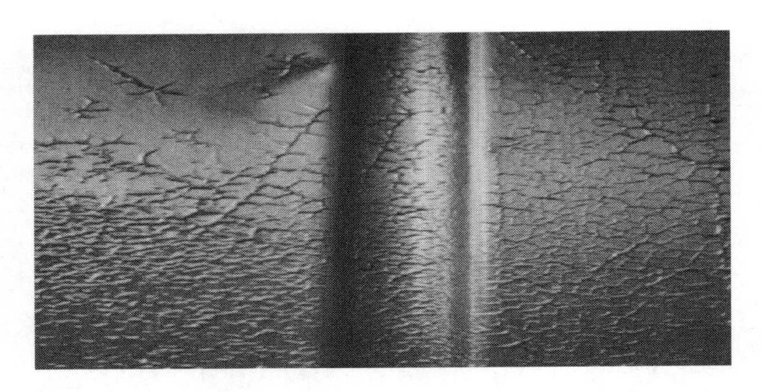

图 5-13　涂层起皱

（1）影响涂层外观均匀、美观的涂料缺陷：如颜料和填料分散不良导致的研磨细度不合要求，涂料触变性及分散性不好引起的分层、沉淀等，配方不合理引起的成膜后增塑剂等助剂成分的表面迁移。

（2）影响成膜和涂装性能的涂料缺陷：涂料黏度控制不良导致的流平不良、流挂等与涂料流变性相关的缺陷、与涂料表面张力控制有关的底材润湿性和附着力不良，出现针孔、鱼眼等涂层表面流平缺陷、溶剂挥发速度控制不好，过快或过慢导致涂层综合性能下降。

（3）涂层体系设计及涂装工艺的缺陷：不正确的涂装设计和体系引起的层间咬底，层间不匹配及整体性能下降的问题；底材处理的清洁度和粗糙度与标准不符引起附着不良，出现鱼眼、麻点、抽缩、缩孔等问题缺陷；与涂装过程控制有关的拉丝、微泡、针孔、厚边、露角、橘皮、流挂和流平等涂层表面缺陷，与环境控制（温度、湿度）相关的涂层固化不良，表面泛白，层间附着不良等缺陷。

5.3　涂层失效分析技术

涂层失效是指涂层在投入使用后不久，偏离预期的保证期出现大量的脱落（涂层与底材、涂层间剥离）、裂缝或裂纹、机械强度丢失、起泡等严重的涂层缺陷，难以修复从而导致涂层失去其保护、装饰和功能性的作用。

5.3.1　涂层失效分析的技术要求

涂层失效分析的目的在于识别涂层失效的形式，分析失效的原因，逐步积累不同种类涂层失效的模式，从而避免后续重复出现类似问题，无疑是改善和提升涂层性能的重要工作。

涂层失效涉及涂料品质、涂装工艺和涂层使用周期、涂层维护等多方面的因素，过程复杂，时间跨度大，准确地分析和判断涂层失效的原因是非常困难的，因此需要做大量的基础性工作和案例的积累，必须依托训练有素的技术人员和系统的研究方法及专业的仪器。

另外涂层失效还承担着分析责任的工作。涂装失效涉及相关方较多（涂料供应商、工程承包商、工程监理、业主等），提供必要的分析报告和证据可以分清责任，甚至提供仲裁依据，因此需要权威部门授权单位进行。近二十多年来，在欧美国家涂层失效分析基本上成为一种行业，集中于一些专业涂料涂层分析实验室、检测或者相关咨询机构。但是由于涂层失效分析的复杂性和高度专业化，至今相关的书籍和出版物较少。涂层失效分析与一般意义的仪器分析、化学分析以及涂料涂层性能研究等不同，涂层失效分析必须借助各种分析手段对失效的原因进行分析判断。相关技术人员应具备如下的基本素质。

（1）掌握涂料与涂装技术的理论知识和研究方法手段：包括涂料的组成及特性；掌握涂装工艺技术特点、涂装管理流程及涂装质量控制技术。

（2）掌握高聚物材料的结构与特性，熟悉材料学主要的研究方法及分析测试手段。

（3）熟悉各种涂料在不同使用环境中缺陷及失效的常见形式。

（4）掌握涂层性能评估方法，涂层测试检测体系，并且能够准确选用相关方法。

（5）具备丰富的现场调查的程序、工具和准确取样方法；能够设计并组织实施系统的实验室验证方法并取得准确的结果。

（6）较强的综合分析能力。

总之，一个合格的技术人员除了具备必要的基础知识和良好的素质之外，还必须积累丰富的经验。涂层失效的原因非常复杂，涉及许多方面，严重依赖相关人员知识水平和能力水平，而且即使人员达标，有些涂层失效最终也不可能得到很明晰的结论。

5.3.2　涂层失效的判断标准

涂层失效判断必须包括如下几点[22]。

（1）时效性：失效发生时间远未达到涂层的质量保证期。有时甚至在几个月之内就发现问题，如在浸渍介质中涂层很快起泡、变软，甚至大面积脱落。五年质量保证期的船底防污涂层，在运行三年以后失效。因此判断涂层失效的首要标准是预定的质量保证期。

（2）涂层失效的难以修复性：一般来说，涂层失效难以采用普通的方法加以修复，除了局部或表面涂层缺陷可适当修复外，大面积及整体涂层失效都难以修复。如涂层与底材剥离，底涂层与中间层或面涂层剥离；大面积严重起泡，钢材或混凝土底材与底涂层间起泡，底涂层与中间层间起泡，以及面涂层起泡等严重破坏涂层的整体性和保护功能。再如涂装钢底材上的涂层出现大面积的点锈或返锈；面涂层严重粉化、失光、褪色，设计 100 pm 厚的面涂层质量保证期为 10 年，3 年后粉化掉 50%。

5.4 涂层失效的原因

涂层在特定的使用环境和使用过程中提前失效的原因很多，主要可归纳为四大类。

（1）错误选择涂料和配套体系，涂料体系的性能经受不起腐蚀环境的作用；

（2）涂层本身存在缺陷，涂装后未及时修复，即“带病”运作；

（3）涂装管理不严，涂装工艺不合理往往是附着失效的主要原因；

（4）对涂料使用环境把握不准，在超过其可承受的极限环境条件下使用。

实际涂料的失效在大多数情况下往往是多种因素的叠加作用，涂层在使用中会受到各种应力作用：外部的机械应力、冲击力和机械磨损；环境介质（化学介质、紫外线、放射线、氧化等）的直接降解；涂层/金属附着力和涂层内应力的失衡等。涂层失效本质上是上述应力作用超过了涂层的承受能力。详细讨论各种应力的产生原因及可能导致的涂层破坏的形式，对于涂层失效分析是至关紧要的。

5.4.1 机械应力

涂层在使用中可能经受多种形式的外力破坏，例如：外来物体对涂层的冲击应力；甲板上行走对涂层产生的交变应力；潜艇下潜时海水对表面涂层的压力；涂层受温度变化影响热胀冷缩产生的应力；涂有预处理底漆的钢板、涂装后的卷材堆放时互相之间的压力；涂层靠近振动源而受到的振动应力；木材因环境温度和湿度变化引起吸水率改变而产生体积膨胀和收缩应力等。为了能够具备足够强的抵御外力破坏的能力，从材料学的角度，涂层必须拥有理想的力学特性“强而韧”：一方面有足够的强度，抵御外力的冲击，同时还要有一定的韧性，通过涂层局部的微量变形，消耗外力的破坏能量，保持涂层的完整性。以成膜树脂为黏合颜料构成的涂层，具备满足这一要求的基础：高聚物本身就具有一定的黏弹性，这是由其成膜过程、涂层的微观结构等因素决定的。涂层的宏观性能与其微观结构有直接的联系。

涂层的形成过程：涂料固化成膜是由黏流体转变成致密连续的固体薄膜的过程，涂料经历了由黏流态逐步转变为玻璃态的过程。由于涂层的厚度一般不超过 1 000 μm（1 mm），如船底涂装包括 2 道底漆 + 2 道面漆，总计在 600 μm 左右，与其整体覆盖的底材面积相比，厚度基本可以忽略，所以涂层的宏观性能主要由二维膜层薄膜的性能决定。其中，成膜树脂的微观结构是决定涂层宏观力学性能的重要因素。

高聚物的力学性能可以通过其应力-应变曲线表现，如图 5-14 为典型高聚物的应力-应变曲线。

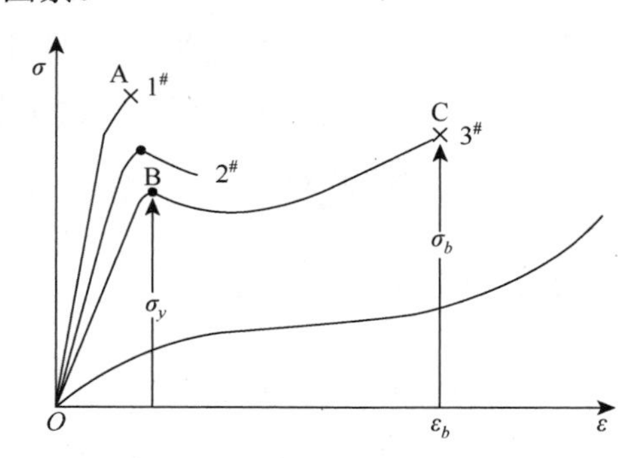

图 5-14　高聚物的应力-应变曲线

图中，A 曲线的高聚物（1#）硬而脆，缺乏韧性，无法成膜；B 曲线的高聚物（2#）达到屈服强度后，其变形能力有限，作为涂层其韧性不足；理想的“强而韧”的材料呈现曲线 C（3#）的变化特征：既有一定的强度，屈服应力较高，足够抵抗外界冲击力，又在保证一定强度的基础上，拥有较高的形变量，以抵消外界应力的影响，对涂层而言，就是具备较高的强度，同时又有足够的韧性。

要具备“强而韧”的性能，涂层在常温下其微观结构应该处于稳定的“软玻璃态”：接近玻璃态向高弹态转变的温度附近（图 1-5，无定型的高聚物的形变量与温度的关系），这样首先能够保证稳定的固态膜层结构，当涂层受到外力作用时，有足够的强度以保持涂层整体致密完好；随着应力积累，成膜树脂分子链开始蠕动，涂层缓慢收缩变形，向高弹态转化，具有较高的弹性模量，能够在较长的时间内通过涂层局部变形，有效地释放上述应力作用，消除对涂层的影响，维持涂层的完整性。

实际在涂料设计中有这样的经验：控制成膜树脂的玻璃化温度（T_g）高于使用环境温度 20～30℃，这样容易控制涂层微观结构处于上述的“软玻璃态”。

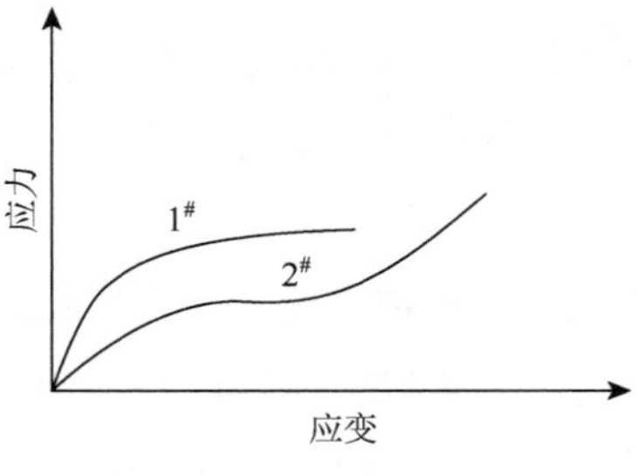

图 5-15　典型涂层的应力-应变曲线

除此之外，涂层的微观结构还与涂料成分、底材有关，也与外界应力作用相关，如涂层分子链间的内聚力、涂层与底材的附着力、环境中外力冲击和碰撞等机械力、环境中老化应力等。实际薄膜典型涂层的应力-应变曲线呈现如图 5-15 所示[3]。

涂层理想的曲线形式是图 5-15 中的 2#曲线：具有较高的屈服强度，并且在较长时间内维持弹性变形的状态——“软玻璃态”，又称为“强迫高弹态”，既有一定的屈服强度，同时在较长的变形区间内保持足够的韧性。图 5-15 1#曲线的涂料特征是涂层偏硬，但是缺乏韧性，形变能力不强，屈服后韧性不够，容易断裂。

需要注意涂层样品的应力-应变曲线的检测除了与样品大小、厚薄有关外，还与检测施加应力的时间有关，由于涂层是长期使用的，其外界应力作用是长期小幅值的施压，所以检测上述曲线一般是慢速拉升，即便这样实验曲线与涂层在环境中实际的应力作用还是有区别的，而且实际中还有许多意外作用，如碰撞、冲击、刮划等，因此涂层的机械应力作用复杂，预测困难。

5.4.2 涂层内应力

涂料成膜时其体积会发生收缩，如双组分热固性涂料固化后，其新生成的共价键的键长一般小于反应前相邻分子的距离，会引起大分子链的体积收缩。在固化的前期，涂料常低于其玻璃化温度，聚合物链具有足够的蠕动活性，分子体积可以自由收缩。但是，随着溶剂挥发或交联反应的进行，体系的黏度逐渐增大，聚合物链的蠕动受到限制，内应力逐渐产生，体系不可能通过体积收缩而释放应力。这种说法似乎与通常在涂料行业中盛行的“收缩产生应力”相矛盾。事实上涂层的内应力的产生是由于树脂分子链难以收缩。如果涂层可以收缩，则树脂分子链成键的应力可以释放，涂层内不会形成内应力。

在进行环氧涂料涂装薄的铝板实验时发现，涂层固化后铝板发生弯曲，这是因为环氧涂料交联固化后体积收缩产生应力。实际发生的是环氧涂层通过体积收缩释放应力，这个力被传递到底材铝板，而底材没有足够的强度抵御它，通过变形加以释放。如果底材更厚或强度更高（如钢材），它将不会变形。在这种情况下，环氧涂层尝试经过体积收缩去释放应力时可能发生几种状况：如果涂层附着良好，内聚强度低就不可能收缩，只有通过龟裂释放应力；如果涂层附着良好并且内聚强度高，将产生永久性的内应力，它将会作用于涂层及涂层-底材的结合处；如果再遭受到外部应力的作用，最终将导致涂层失效，一般以涂层失去附着力者居多。

不同涂层之间也会产生内应力。面漆与底漆之间有附着力，也可能产生应力，如底漆内聚强度差（如颜基比 PVC 过高，底漆中成膜树脂含量不足，无法将固体颜填料完全包覆，形成牢固致密的涂层），底漆无法抵御上层面漆因体积收缩产生的应力，面漆会将底漆从底材上剥离，形成底漆的内聚开裂。这种现象通常由面涂层收缩应力引起。但是，收缩应力与内应力不同，这种收缩应力可以传递到下面涂层，这是面涂层为释放自身的内应力而产生的结果。如底漆坚硬、强度高，那么上述情况就不会发生，因此不同涂层的设计是需要系统验证的。

不管是收缩应力还是热应力，当涂层具有较好的黏弹性质时，可通过力学松弛将应力释放出来，如果涂层分子的蠕动不足以使内应力完全消失，便会有永久性的残留内应力，涂层的内应力和涂层与底材的附着力以及涂层抗拉强度之间是互相抗衡的，如果内应力过大，涂层就可能损坏或从基材脱落。

5.4.3　老化应力

引起涂料老化的主要因素除了污染的大气和酸雨之外，一些气候因素如光、热等同样对涂层极具破坏性。下面重点讨论光、热诱导的涂层降解[4]。

太阳光由三部分波长不同的光所组成：紫外光、可见光和近红外光。这三个波段光是太阳能量中热量的主要来源。

（1）紫外光（UV）。占太阳能总量的 4%，主要由三个波段组成。波段及波长，分别为：UVA（320～400 nm）、UVB（280～320 nm）、UVC（＜280 nm）。

（2）可见光。波长为 400～760 nm，占太阳能总量的 45%。

（3）近红外光：波长为 780～3 000 nm，占太阳能总量的 51%。

尽管紫外光在太阳能中所占的比例很少，但是该波段能量最高，对高聚物中不饱和键、极性基团等活性结构的破坏较为严重，有机聚合物成膜物吸收紫外光后可直接引起化学键断裂，或者产生自由基再导致链断裂或链增长。其结果表现为分子量降低或增加，极大地降低了涂层的物理、化学及机械性能。涂料成膜物聚合物链中存在的不饱和双键正好处于紫外光辐射能区，而且不饱和程度越高，共轭程度越高，它们对自由基的破坏作用也越大，再加上涂层中往往存在过氧化物或酮类等易产生自由基的杂质，涂层的光降解就不可避免了。

典型的如芳香族二异氰酸酯为主的聚氨酯涂层中苯环易吸收自由基而降解导致变黄，因此聚氨酯类面漆使用脂肪类异氰酸酯作为面漆的树脂；双酚 A 环氧涂层可吸收大于 280 nm 的紫外光，降解引起粉化，因此环氧类涂料只能作为防锈底漆使用。从耐候性的角度看氟碳树脂、有机硅树脂、氯化聚烯烃树脂、丙烯酸树脂、脂肪族聚氨酯树脂是具有优良耐大气老化性能的成膜物体系。另外涂层的耐候性与颜料的耐候性有关。有的颜料，尤其是有机颜料本身的耐热、耐紫外光性能不良，有的无机颜料表面未经处理，具有光催化作用而加快树脂的降解。云母、云母氧化铁等惰性片状颜料具有反射紫外光的作用，可以改进涂层的耐候性。

通常涂层与底材的受热膨胀率不同，尤其是金属底材与有机涂层的线膨胀系数差别较大。当环境温度发生交变时，底材与涂层界面产生膨胀或收缩应力，如果不能适当释放就会发生脱层或龟裂等涂层失效。深色调涂层在夏天太阳光照射下表面温度可高达 60～70℃。在内陆沙漠地区白天和晚上温差可达 40～50℃。此外，不可忽视微观的气候环境的差别，例如，建筑物的阳面和阴面在常年大风气候下，迎风面与背风面所受气候影响差别很大。这是在现场调查时应该加以注意的问题。

5.4.4 涂层/金属附着力

涂层/金属附着力概括讲可以基于三种作用：化学键力、分子间力和机械作用力。通常有两种这样的力作用，使涂层牢固地黏合在金属表面上。各种作用力的本性取决于涂层和基体的性质：基体提供机械附着力和化学、物理吸附点。涂层分子链成分（如极性基团等）与基体某些特殊点通过诸如氢键、化学键作用结合在一起，显著增强附着力。

首先置身于大气中的金属，大多数会自发地在表面上生成一层氧化膜，只要氧化物在周围环境中是稳定的，它们就会牢固地结合在金属上，并能防止金属进一步氧化，它们之间的结合力为化学键力。在铁表面上这种天然氧化物膜厚为10～30 μm，铝上的氧化膜厚约 10 μm。故在许多情况下有机涂层是经过这层氧化膜与金属相结合的。金属氧化物是离子晶体结构，即以正、负离子相间结合的。这种带电荷的离子比中性金属原子更加容易和涂层分子结合。

涂层与金属虽然有不同的作用方式，但是均属于短程作用力，其作用力的大小与两者距离的高次方（如 6 次方）成反比：即距离越近，相互作用力越强；距离稍远，则作用力衰减越快。故形成良好的附着力的基本要求是涂料对金属的润湿性要好，易于扩展，增大接触面积而与金属表面紧密地靠近。理想的条件是使涂料在涂布过程中以很小的接触角（contact angle）流动，接触角越小越好。当接触角为零时，有使应力集中降到最小的倾向而自发地铺展（spreading）。涂层的厚度一般为 100 μm 左右，而涂层与金属表面接触的距离则在 0.1～1 nm（1 nm = 1/1 000 μm）。附着力主要由以下作用引起[19]。

（1）机械结合力：任何基材的表面都不可能是光滑的，即使用肉眼看起来光滑，在显微镜下也是十分粗糙的，有的表面如木材、纸张、水泥，以及涂有底漆的表面呈多孔状，涂料可渗透到这些凹穴或孔隙中去，固化之后就像有许多小钩子和楔子把涂层与基材联结在一起。这种作用力强度只是处于分子间力范围，但是数量巨大，基体表面越粗糙，则有效作用面积越大，这种机械“咬合力”就越大，所以适当的粗糙度能够显著增强涂层附着力。

（2）吸附作用：从分子水平上来看，涂层和基材之间都存在着原子、分子之间的作用力。这种作用力包括化学键、氢键和范德瓦耳斯力。根据计算，当两个理想平面距离为 10 Å 时，由于范德瓦耳斯力的作用，它们之间的吸引力可达 10^3～10^4 N/cm^2，距离为 3～4 Å 时可达 10^4～10^5 N/cm^2，这个数值远远超过了现在最好的结构胶黏剂所能达到的强度，但是两个固体之间很难到如此近的距离，即使经过精密抛光，两个平面之间的接触面积不到总面积的 1%，当然如果一个物体为液体，这种相互结合的要求便易于达到，其条件是液体完全润湿固体表面，因此涂料在固化之前完全润湿基材表面，则应有较好的附着力。即使如此，其附着力也远比理论强度低得多，这是因为固化过程总是有缺陷发生的，黏附强度不是取决于原子、分子作用力的总和，而是取决于局部的最弱部位的作用力。两个表面之间仅通过范德瓦耳斯力结合，实际便是物理吸附作用，这种作用很容易被空隙间的水分子所破坏。因此要使涂层与基材间有强的结合力，仅靠物理吸附作用是不够的。

（3）化学键作用：化学键（包括氢键）的强度要比范德瓦耳斯力强得多，因此如果涂料和基材之间能形成氢键或化学键，附着力就要强得多。表 5-1 列出了各种类型作用力的结合能。

表 5-1　各种类型作用力的结合能

作用力类型		结合能/(kcal/mol)
化学键	离子键	140～250
	共价键	150～170
	金属键	27～83
分子间力	氢键	12
	取向力	5
	诱导力	0.5
	色散力	10

如果聚合物上带有氨基、羟基和羧基时，其易与基材表面氧原子或氢氧基团等发生氢键作用，因而会有较强的附着力。聚合物上的活性基团也可以和金属发生化学反应，如酚醛树脂可在较高温度下与铝、不锈钢等发生化学作用，环氧树脂也可和铝表面发生一定的化学作用。环氧类涂料成为最好的防锈底漆，其优异的附着力起了决定性的作用。

这方面最为成功的应用是偶联剂：这类分子既有能与基材表面发生化学反应的基团，又有能与涂料发生化学反应的基团，如最常用的硅烷偶联剂 $X_3Si(CH_2)_nY$，X 是可水解的基团，水解之后变成羟基，能与无机表面发生化学反应，Y 是能够与涂料发生化学反应的基团。

（4）静电作用：当涂料与基材间的电子亲和力不同时，便可互为电子的给体和受体，形成双层，产生静电作用力。通常有机涂层对电子亲和力高，容易得到电子，金属对电子亲和力低，容易失去电子，当两者接触时电子可从金属移向涂层，使界面产生接触电势，并形成双电层，产生静电引力。

了解上述作用力后，可以分析影响附着力的因素。

（1）涂料黏度。涂料黏度较低时，容易流入基材的凹处和孔隙中，可得到较高的机械力，一般烘干漆具有比气干漆更好的附着力，是因为在高温下涂料黏度很低。

（2）基材表面的润湿情况。要得到良好的附着力，必要条件是涂料完全润湿基材表面。通常纯金属表面都具有较高的表面张力，而一般涂料表面张力都较低，因此易于润湿，但是实际的金属表面并不是纯的，表面易形成氧化物，并可吸附各种有机或无机污染物。如果表面吸附有机物，可大大降低表面张力，从而使润湿困难，因此基材在涂装之前需进行处理，对于低表面能的基材，更要进行合适的处理，如在塑料表面进行电火花处理或用氧化剂处理。

（3）表面粗糙度。提高表面粗糙度可以增加机械作用力，另外也有利于表面的润湿，船舶涂装中要求底材预处理达到 Sa2.5，便是要求涂装底材表面有适当的粗糙度保证涂层良好的附着力。

（4）内应力。涂层的内应力是影响附着力的重要因素，内应力有两个来源：①涂料固化过程中由于体积收缩产生的收缩应力；②涂料和基材的热膨胀系数不同，在温度变化时产生的热应力的涂料，不管用何种方式固化都难免发生一定的体积收缩，收缩不仅可因溶剂的挥发引起，也可因化学反应引起，缩聚反应体积收缩最严重，因为有一部分要变成小分子逸出。

端基环氧树脂在固化中，端环氧基开环，分子链变长，会抵消固化反应引起的涂层收缩，因此其固化过程中收缩率较低，这也是保证环氧涂料较好附着力的重要原因。降低固化过程中的体积收缩对提高附着力有重要意义，增加颜料、增加固含量和加入预聚物，减少体系中官能团浓度是涂料中减少收缩的一般方法。

如果涂层和基材的热膨胀系数不同，在温度变化时产生的应力正比于温度的变化，因此热应力严重时，固化温度不宜太高。

5.5 涂层失效分析的工作程序

涂层失效分析作为一门正在发展的科学和技术领域，至今尚未形成系统的理论和完善的方法，没有形成规范统一的方法，这需要我们持续积累相关案例、资源。目前已经提出了一些基本的工作步骤、重点需要解决的问题和常规的分析方法。具体工作要从实际出发，结合特殊的环境和问题灵活处置。目前一致认可的基本工作步骤如下[22]。

（1）详细的现场勘验：了解和掌握涂装设备的工作使用情况，现场调查，实际环境考察，有可能进行取样和留样，确定涂层破坏或者失效的表现形式。

（2）系统了解和掌握涂料体系及涂装工艺：涂料设计及使用产品、涂装工艺流程，服役工况等。

（3）初步分析：提出试验方案，开展实验室研究。

（4）试验工作：涂装的试验工作。按照方案开展实验室的现象重现研究。其间会经历反复的优化调整等。

（5）综合分析：比较实际情况和实验室的复验工作结果，建立涂层失效原因的模式假设。

（6）失效重构：涂装复验，确定所提失效模式的合理性。

上述是常规的涂层失效分析的主要步骤。在实际工作中并非都一定要按此程序进行，而应一切从实际出发，综合分析涂装特点和现状，设计合理可行的方法步骤。例如，短时间大面积脱落，这种一般就是涂料选择不当、涂装工艺不良造成的，因为涂层的使用时间偏短，所以使用的环境条件对其脱落的影响程度会比较小。

另外，涂料失效分析必须具备系统、全面的知识体系，涉及材料学、化学、高聚物、材料腐蚀等多学科。需要系统的材料学基础知识，熟悉材料学的研究方法和分析检测方法，了解相关仪器分析方法等，内容庞大复杂，本书难以涉及，读者可以借鉴相关技术领域的知识。

5.6　典型涂料可能的失效模式

涂装体系失效没有统一模式，必须具体问题具体研究分析。不同类型涂料有各自特性，涂料失效中也有一些初步的规律。

5.6.1　水性丙烯酸类涂料

乳胶涂料为水性涂料，属于环境友好型涂料，代表着涂料技术发展的方向之一。目前其大量应用于建筑装饰墙面、建筑外立面装饰等，也可以直接用于金属底材，但是其涂层的致密性、机械强度和使用寿命等，依然还无法达到传统成膜树脂涂层的性能。乳胶涂料的膜层往往呈现一定的多孔性和对水的敏感性，因此使用中还可能出现以下涂层失效风险。

（1）涂层成膜不良引起附着力下降、强度丢失：其原因有环境温度过低，湿度高，水挥发太慢；或者温度太高，通风过强，底材干燥多孔导致水挥发太快而乳液粒子来不及聚集。

（2）温度升高出现返黏、沾污、涂层变软：这是由其热塑性本质所决定的，通常它们的玻璃化温度低于 50℃，夏季太阳照射下深色涂层表面温度可达 70～80℃。

（3）钢铁底材出现“闪锈”：如水性底漆未加入缓蚀剂和钝化颜料，并适当配制，新处理后钢材表面遇水立即生锈。

（4）混凝土底材上产生渗透压起泡：未处理好的表面水溶盐成膜后存在于底材界面，涂层浸水后产生半透膜，介质大量渗透进入涂层，在界面富集导致涂层脱落。

5.6.2 环氧防锈涂料

环氧是最为普遍的防锈底漆，一般还要在防锈底漆上涂装保护面漆，综合防腐性能突出，应用普遍。由于此类涂料一般以双组分的形式作为底漆使用，在涂装中存在双组分按照比例配制、混合熟化、喷涂、固化、涂层养护等多个步骤，存在如下隐患。

（1）双组分不适当的混合比，严重影响涂层性能：如固化剂的胺过量，就会向涂层表面迁移、起霜，同时耐酸性下降。聚酰胺固化剂对混合比耐受性较强，一般过量不超过 10%，常规的环氧防锈涂料基本是聚酰胺类固化剂。

（2）低温固化不良：一般聚酰胺在 10℃以上才能够在 24 h 自然固化，而船舶涂料均只能够在室温下固化涂装，因此北方船厂在冬季是不能进行涂装操作的。固化不良最直观的判断是涂层发黏，难以实干，其耐溶剂性特别差。

（3）双组分的熟化期和施工期掌控欠佳：聚酰胺与环氧树脂混合会放热，热量会加快组分固化，提高涂料的黏度，涂装环境的温度也对涂料黏度有影响，涂料黏度过高，可能会导致涂料胶化、黏稠，不利于喷涂均匀，固化后涂层的流平性和润湿性下降，引起一系列的问题，如固化程度、涂层的附着力、涂层的均匀性和流平性等。因此对涂装中海洋涂料的黏度控制，是较为关键的技术，需要有一定的实践经验。

（4）涂装间隔时间控制不准确：环氧底漆上还需要涂装面层，底层和面层涂装时间，直接关系到底层和面层的结合力、整个涂装体系性能的完好性。由于环氧涂层表面比较光滑，实际中一般是底漆“表干未实干”时加涂面漆的效果最为理想，船厂一般是底漆涂好 24 h 后再涂面漆，不同底漆间也是遵循这一原则，超过 48 h 后涂层层间附着力会下降，因此涂装操作需要严格按照科学的设计执行，这样才能够保证涂层作用的良好发挥。

（5）涂层养护过程控制欠佳：涂装完成后涂层体系需要一定的养护时间，以保证全部涂层固化成膜完全，性能达标。一般船底涂装体系环氧底漆完成后要在适当的环境条件下放置 5～7 d，才能够达到要求，其后船底表面才可以进行安装操作。如果底漆与面上防污涂料涂装间隔时间过长，则在防污涂料涂装前，还要先打毛底漆层，再涂面漆。

5.6.3　丙烯酸-聚氨酯涂料

聚氨酯涂料主要是由多元醇组分如多元醇、聚酯、丙烯酸树脂等和多异氰酸酯组成的双组分溶剂型涂料，这类涂料经常作为面漆使用，实际使用中此类涂料必须注意如下几点。

（1）双组分涂料的混合比，尤其是异氰酸酯的—NCO 与多元醇中的—OH 的比例，直接影响涂层性能。双组分的混合方式、混合时间等也对涂层性能有关。另外此类涂料还开发出了水乳化型产品，其中异氰酸酯的—NCO 和水分子的反应不可避免，水性双组分涂料生成的涂层实质上是聚氨酯和聚脲的混合结构，这类涂料必须很好地控制水的副反应，才能够得到致密完好的涂层。

（2）溶剂型双组分涂料在施工过程中控制水的副反应，尽可能减少起泡可能性。水来自潮湿底材、高湿环境以及使用含水量超标的稀释剂等。

（3）催化剂（金属化合物、三级胺）的用量决定固化成膜速度和适用期，必须严格按照要求执行。

（4）聚氨酯涂层的耐溶剂特点决定其可重涂性差。必须仔细控制重涂间隔，以免产生层间剥离失效。

5.6.4　富锌涂料

富锌涂料是指涂料中锌粉含量超过涂料的 CPVC 的高填充体系，由于锌粉作为牺牲阳极成分，能够起到明确的阴极保护效果，因此其被大量作为长效防腐涂料，在相关领域如内陆环境下的大型钢结构上桥梁、钢架结构、建筑物等方面应用。涉及的品种也较多，如有机硅酸乙酯富锌涂料、无机硅酸锌涂料等。由于此类涂料颜基比较高，这类涂层普遍对底材附着力和内聚强度相对较差，一旦涂层过厚而且固化不良，就会发生内聚开裂或脱落；此类材料对环境湿度敏感，其固化速率及程度受大气环境中水分的影响，因此对涂装工艺要求较高，在船舶涂装中应用不多。具体有如下要求。

（1）涂料对底材处理要求喷砂达到 Sa2.5 级以上，保证新的钢材表面与锌粉密切接触和导电性是阴极保护的基本要求。除油是保证水性无机富锌涂料的附着力的前提。

（2）涂层厚度控制直接与防腐期效和涂层质量相关。作为车间预处理底漆一般要求 20 μm/道，作为防腐底漆 75～100 μm/道，湿膜太厚，尤其是水性无机富锌涂层太厚会引起干燥不良，从而导致泥裂。

（3）保持中性环境条件：涂层表面高反应性，金属锌与酸、碱反应，最好使用环境 pH 保持在 6～8。无机富锌表面碱性高，不适合与易皂化的面漆配套。

（4）严格控制涂料双组份的混合工艺：作为双组分涂料，其配比、混合方法、熟化期和适用期的控制往往是涂层质量的决定性因素。因为锌粉密度大，要选用适当的混合装置。

（5）严格控制涂层的成膜过程：包括成膜干燥时间，固化反应速率和环境的湿度、温度等。这些因素均对涂层质量有直接影响。如干燥过快会引起涂层附着力丢失和内聚强度降低，水分挥发速率决定涂层的固化速率等。这些必须严格按照涂料厂家的要求进行。

5.6.5 无锡自抛光防污涂料

作为主流的防污涂料品种，涂料的失效一直颇受人关注。由于具备一定的水解特性，此类涂料的涂装工艺有其特殊性。除了严格按照涂料厂家的工艺要求进行涂装外，在涂装过程中必须严格控制其各个环节的衔接，以确保防污效果。特别需要注意以下几点。

（1）涂装养护入水时间：防污涂料涂装养护完成后，一般 1 个月内要下水，否则涂层干燥过长影响其水解稳定性，因此严禁长期干态放置，时间过长甚至会要求重新涂装。

（2）要确保与防锈底漆的结合力，底漆搁置时间过长，在防污涂料涂装前要进行必要的打磨粗糙化处理。

（3）保证船舶的在航率和航速：涂料的自抛光特性与船舶的航行速率、在航率等直接相关，因此持续航行的货轮能够保证其效果的发挥。

（4）避免长期在淡水水域停泊：防污涂料在淡水中依然会水解，消耗防污药剂，降低其功效。

思 考 题

1. 简述涂装金属腐蚀的过程及特征。

2. 分析环境介质对涂层的渗透扩散作用。
3. 涂装金属的主要电化学特征参数有哪些?
4. 涂层失效的主要表现形式有哪些?
5. 以“起泡”为例,说明涂层缺陷产生的原因、处理的原则方法。
6. 简述涂层附着力产生的作用、产生原因和主要影响因素。
7. 简述涂层失效分析的工作程序。
8. 分析导致涂层失效的复杂的应力类型及作用方式。
9. 请分析船舶船底涂装体系可能的失效模式。
10. 谈谈决定涂装技术寿命的关键技术和保障措施。

参 考 文 献

[1] 化工部化工机械研究院. 腐蚀与防护手册：耐蚀金属材料及防蚀技术[M]. 2 版. 北京：化学工业出版社，2008.

[2] 余红伟. 化学原理及应用[M]. 北京：化学工业出版社，2015.

[3] 洪啸吟，冯汉保. 涂料化学[M]. 2 版. 北京：科学出版社，2016.

[4] 王海庆，李丽，庄光山. 涂料与涂装技术[M]. 北京：化学工业出版社，2012.

[5] 李春渠. 涂装工艺学[M]. 北京：北京理工大学出版社，1993.

[6] 李国莱，张慰盛，管从胜. 重防腐涂料[M]. 北京：化学工业出版社，1999.

[7] 宋玉苏，文庆珍，等. 舰船化学技术[M]. 北京：海潮出版社，2016.

[8] 汪国平. 船舶涂料与涂装技术[M]. 2 版. 北京：化学工业出版社，2009.

[9] 任润桃，梁军. 海洋防污涂料发展现状与研究趋势[J]. 材料开发与应用，2014，29（1）：1-8.

[10] 曹京宜，方志刚，杨延格，等. 舰船防污涂料的使用需求及研究进展[J]. 中国材料进展，2020，39（3）：10-14.

[11] 王晶晶，苏孟兴. 船舶高性能防腐涂料研究进展[J]. 涂料技术与文摘，2017（7）：41-52，57.

[12] 柯伟. 中国腐蚀调查报告[M]. 北京：化学工业出版社，2003.

[13] 李敏风. 我国重防腐涂料发展趋势[J]. 现代涂料与涂装，2018，21：20-23.

[14] ARAMAKI K. Self-healing mechanism of an organosiloxane polymer film containing sodium silicate and cerium（Ⅲ）nitrate for corrosion of scratched zinc surface in 0. 5M NaCl [J]. Corrosion Science，2002，44（7）：1621-1632.

[15] 孙祖信，郭泽亮，陈凯锋. 飞行甲板防滑涂料的研发进展[J]. 上海涂料，2011，49（7）：28-30.

[16] 李昭. 膨胀型防火涂料的防火机理研究[J]. 涂料工业，2015，45（11）：19-22.

[17] 张霁，王健. 船舶海洋涂料/涂装最新相关法规和技术发展[J]. 中国涂料，2017，32（8）：12-16.

[18] 曹京宜，张寒露，张锋，等. 舰船涂料检测和评定方法的制定与研究[J]. 中国涂料，2016，31（12）：52-54.

[19] 黎完模，宋玉苏，邓书珍. 涂装金属的腐蚀[M]. 长沙：国防科技大学出版社，2003.

[20] 张伟，王佳，赵增元，等，电化学阻抗谱对比研究连续浸泡和干湿循环条件下有机涂层的劣化过程[J]. 中国腐蚀与防护学报，2011（5）：329-335.

[21] 张振楠，张大鹏，王轩，等. 涂层酸性盐雾环境下失效过程的电化学阻抗谱分析[J]. 包装工程，2017，38（23）：45-49.

[22] 刘登良. 涂料失效分析的方法和工作程序[M]. 北京：化学工业出版社，2003.